La salvación viene de nuestro Dios
Celebrando el mensaje central de la Biblia

Christopher J. H. Wright

LA SALVACIÓN VIENE DE NUESTRO DIOS

Celebrando el mensaje central de la Biblia

SERIE RECURSOS LANGHAM PREDICACIÓN

La salvación viene de nuestro Dios
Celebrando el mensaje central de la Biblia
Christopher J. H. Wright

Título original en inglés: Salvation Belongs to Our God: Celebrating the Bible's Central Story
Langham Global Library, Carlisle, Cumbria, United Kingdom
© 2008 Christopher J. H. Wright

© 2022 Centro de Investigaciones y Publicaciones (CENIP) – Ediciones Puma
Hecho el Depósito Legal en la Biblioteca Nacional del Perú N° 2022-12386
Primera edición impresa, diciembre 2022

Categoría: Religión - Teología cristiana

ISBN N° 978-612-5026-22-4 | Edición impresa
ISBN N° 978-612-5026-23-1 | Edición digital

Editado por:
© 2022 Centro de Investigaciones y Publicaciones (CENIP) – Ediciones Puma
Av. 28 de Julio 314, Int. G, Jesús María, Lima
Apartado postal: 11-168, Lima - Perú
Telf.: (511) 423–2772
E-mail: administracion@edicionespuma.org
ventas@edicionespuma.org
Web: www.edicionespuma.org
Ediciones Puma es un programa del Centro de Investigaciones y Publicaciones (CENIP)

Traducción y edición: Alejandro Pimentel
Diseño de carátula: Eliezer D. Castillo P.
Diagramación: Hansel J. Huaynate Ventocilla

ISBN N° 978-612-5026-22-4

A Paul
Hermano biológico y hermano en el Señor

Después de esto miré y apareció una multitud
tomada de todas las naciones, tribus, pueblos y lenguas;
era tan grande que nadie podía contarla.
Estaban de pie delante del trono y del Cordero,
vestidos de túnicas blancas y con ramas de palma en la mano.
Gritaban a gran voz:

«¡La salvación viene de nuestro Dios,
que está sentado en el trono,
y del Cordero!»
(Ap 7.9–10)

Contenido

Prefacio

Es un placer y un privilegio poder contribuir con un volumen a esta serie que debe su existencia a una de las fecundas ideas de John Stott. Me refiero a La Biblioteca Cristiana Global o la Doctrina Cristiana desde la Perspectiva Global, cuyo propósito es ofrecer temas introductorios, sencillos y fáciles de leer acerca de doctrinas cristianas claves. En esta serie participan autores de todo el mundo para que en su totalidad refleje los conocimientos y las perspectivas de distintos contextos. Cuando tomó forma, John Stott me acababa de invitar a asumir la dirección de Langham Partnership International y, dado que Literatura Langham es el principal auspiciador de estas publicaciones, tuvo la gentileza de invitarme también a contribuir con un estudio sobre la salvación. Lo ofrezco en agradecimiento a John Stott y reconociendo el valor de los demás estudios de esta serie.

Dos hechos lograron contribuir al desarrollo de mi pensamiento en torno a este tema. El primero fue la conferencia de dirigentes y teólogos anglicanos provenientes de todos los lugares del mundo realizada en julio de 2002 en Oxford, la cual fue auspiciada por el Wycliffe Hall. Fui invitado para exponer en la reunión plenaria mi ensayo titulado *Salvación*. Me decidí por ofrecer un estudio general de perspectivas bíblicas, empezando por la parte final de la Biblia, específicamente por el pasaje en el que se dice: «¡La salvación viene de nuestro Dios, que está sentado en el trono, y del Cordero!» (Ap 7.10), el cual usé como plantilla operativa. Al poco tiempo, se me invitó a ser el orador principal en las Frumentius Lectures 2005 del Evangelical Theological College de Addis Ababa, en Etiopía (cuyo nombre proviene del primer obispo que fue enviado como misionero a ese país en el siglo IV). En esta oportunidad aproveché el mismo método de la conferencia anterior.

Estoy agradecido a Peter Walker, Steve Bryan y Semeon Mulatu por haberme invitado y dado aliento con esta investigación que finalmente ha podido tomar forma en este libro. Agradezco también a David Smith (editor de la serie) y Philip Duce (IVP), cuyo trabajo editorial me ha ayudado a mejorar de distintas maneras mi manuscrito original.

Deseo aclarar que este libro aspira a lograr una perspectiva bíblica que sea lo más amplia posible. Ciertamente, la Biblia recurre a la terminología de la salvación de una manera muy amplia, por lo que no he querido determinar de antemano lo que constituyen las «categorías teológicas admisibles» dentro de un marco de referencia doctrinal. Más bien, mi intención es tomar el pasaje de Apocalipsis 7.10 y desentrañar las conjeturas, el contenido, las expectativas y las consecuencias de las sencillas frases que contiene.

He reflexionado muchas veces sobre el texto bíblico a la luz de toda la historia bíblica y su contenido. El resultado de haber estudiado profundamente todas las repercusiones bíblicas ha sido sorprendentemente amplio, por lo que deseo que los siguientes capítulos puedan enriquecer el conocimiento del lector respecto al modo en que la Biblia usa la terminología de la salvación en sus distintos aspectos.

Debido a que en este libro dedico bastante espacio a explicar la manera en que el Antiguo Testamento habla de la salvación, es necesario que sea muy específico en cuanto al Dios que nos da encuentro en las páginas del Antiguo Testamento. Su nombre en hebreo es YHVH, que en algunas biblias antiguas se traduce como «Jehová». Los eruditos en la actualidad prefieren usar el nombre «Yahvé» como un posible indicio respecto a la forma en que se pronunciaba originalmente, aunque no hay certeza absoluta de ello. Desde que los traductores griegos sustituyeron las letras hebreas con el título *ho Kyrios*, cuyo significado es «el Señor», ha habido una larga tradición en la que en algunas biblias españolas aparece como «EL SEÑOR», con versalitas. A veces haré uso de «Yahvé» o «EL SEÑOR» cuando quiera dejar bien en claro que el texto no habla acerca de Dios en un sentido general, sino que se refiere específicamente al nombre del Dios que estableció un pacto con el Israel veterotestamentario.

Además, es importante que aclare que, cuando en este libro uso el término «Israel», me refiero al Israel bíblico de la era del Antiguo Testamento o a su continuación teológica en el Nuevo, que incluye a todos los que creen en Jesús el Mesías y que forman parte de la simiente de Abraham. Es imposible entender completamente la perspectiva bíblica de la salvación sin referirse a la gran historia de la participación de Dios con el pueblo de Israel en tiempos bíblicos, a la promesa que le hizo a Abraham, al Éxodo, al pacto en el Sinaí, al templo y a su sistema de sacrificios y, obviamente, a la promesa mesiánica que nos conduce hasta Jesús. Veremos que la promesa de Dios al Israel bíblico, por medio de este, *incluye a todas las naciones*. Ciertamente, incluso en el Antiguo Testamento, el nombre «Israel» para el pueblo del pacto se amplía, como un anticipo profético, para incluir a otras naciones.

Por sobre todo, debo recalcar enfáticamente que, si bien se debe hablar de Israel si queremos ser fieles a la historia y enseñanza bíblicas, en *ninguna* parte de este libro me refiero al moderno Estado israelí. Este asunto no encaja en lo absoluto en este tema. Estoy en contra de aquellos que confunden y mezclan a los israelitas del Antiguo Testamento en el canon de la Biblia con la diáspora contemporánea de la etnia mundial judía, con el judaísmo como religión y con el Estado de Israel como un ente político —como si se tratase de lo mismo y portaran las mismas afirmaciones teológicas—. No creo que estas cuatro entidades puedan o deban de una manera simplista ser identificadas de esta forma. Especialmente, debemos diferenciar entre lo que creemos que el Nuevo Testamento dice respecto a los judíos como etnia descendiente de Abraham y las medidas y los actos del moderno Estado de Israel. No debemos dar por sentado que lo primero es lo mismo que lo segundo. Por ello, le pido incesantemente al lector que recuerde que en este libro «Israel» se refiere exclusivamente al *Israel bíblico*, de la misma manera en que se usa el término en la Biblia, tanto en el Antiguo como en el Nuevo Testamento (modo que, en mi opinión, carece de relación teológica con el moderno Estado que comparte el mismo nombre).

«La salvación viene de nuestro Dios», pero a menudo se recibe por medio del testimonio de los seres humanos. En mi propio caso, si bien crecí en un hogar cristiano, donde fui el hijo más joven de unos padres misioneros y escuché el evangelio desde niño, fue Paul, mi hermano mayor, quien me preguntó, luego de una clase de escuela dominical, si mi nombre estaba escrito en el libro de la vida. Le dije que no lo sabía (probablemente yo tampoco conocía a qué libro se refería). Me dijo que yo debía estar seguro de ello. Le pregunté que cómo podía saberlo y, entonces, mediante una oración, me condujo a recibir a mi Salvador, el Señor Jesús. Luego de tener la seguridad de mi salvación desde tan temprana edad, es para mí un placer dedicarle este breve libro a Paul, con amor y gratitud.

Chris Wright
Pascua de 2007

Capítulo 1

La salvación y la necesidad humana

El gran final de cualquier gran pieza musical es, por lo general, muy emotivo, como en una ópera o en las secuencias musicales y de danza de las culturas antiguas. La canción, el coro apoteósico o la danza final de los grandes dramas musicales terminan generalmente en un ensordecedor aplauso de parte de la audiencia porque ha sentido que se ha logrado comunicar el mensaje de toda la obra. Así, cuando se sale del teatro o la sala de conciertos, se escucha que la gente tararea las tonadas finales, y a veces uno no se las puede sacar de la cabeza durante varios días. Incluso en culturas donde la música y el drama toman la forma de arte en el pueblo local, sin necesidad de tener edificios de teatro o salones de conciertos, se manifiesta un poder emocional en la combinación de las palabras y la música que expresan los grandes temas de la vida y la muerte, el sufrimiento, la victoria y la esperanza. Los seres humanos de las culturas del mundo recurren a la música, la danza, los cantos y el drama cada vez que deben encarar los grandes problemas de la vida que superan un simple análisis racional.

Las Escrituras concluyen con un apoteósico coro final que ofrece un resumen del mensaje de la Biblia entera y que lo canta toda la creación. Será la canción temática para este libro. En los capítulos siguientes analizaré cuidadosamente las profundidades ocultas de cada frase de su mensaje. No es un canto extenso; más bien nos ofrece un resumen de una historia muy larga. Se trata de una canción que no desearemos quitárnosla de la cabeza o de nuestros corazones por toda la eternidad, pues es el canto que aparece en la visión de Juan en Apocalipsis 7.9–10.

> Después de esto miré, y apareció una multitud tomada de
> todas las naciones, tribus, pueblos y lenguas; era tan grande
> que nadie podía contarla. Estaban de pie delante del trono
> y del Cordero, vestidos de túnicas blancas y con ramas de
> palma en la mano. Gritaban a gran voz:
>> «*¡La salvación viene de nuestro Dios,*
>> que está sentado en el trono,
>> y del Cordero!».

A lo largo de este libro nos preguntaremos qué quiere decir la Biblia cuando usa tales frases. Empecemos con las primeras palabras. ¿Qué habrá pasado por la mente de aquella persona que escribía y cantaba «La salvación viene de nuestro Dios [...]»? Luego de identificar aquellas palabras a lo largo de la Biblia, descubrimos que posee un significado muy amplio y completo, tanto en el Antiguo como en el Nuevo Testamento. La afirmación «Dios salva» cubre un rango inmenso de realidades, situaciones y experiencias. La razón de ello es la inmensa variedad de circunstancias en las que la salvación de Dios se encuentra con la gente a lo ancho y largo de la historia bíblica. Lo cierto es que nosotros los seres humanos *necesitamos* que se nos salve de muchas cosas, y Dios lleva a cabo mucha salvación en la Biblia.

Los seres humanos, que vivimos en calidad de criaturas mortales, débiles y pecadoras, tenemos un rango casi ilimitado de necesidades, en las que —o por las cuales— buscamos cierta clase de liberación, pues parece que necesitamos constantemente ser rescatados. No digo esto con el propósito de menospreciar la dignidad o el mérito de los seres humanos. Todo lo contrario, Dios obra para salvarnos de distintas maneras precisamente porque cree que vale la pena que lo haga. Él nos ha creado según su imagen, nos ama y se preocupa por nosotros, se entristece y se ofusca por causa de nuestro pecado y siente compasión por nosotros debido a nuestra fragilidad, por lo cual nos salva. La Biblia nos muestra muchísimas maneras en las que Dios obra justamente así.

Una mirada a nuestro mundo moderno enfatiza la pertinencia constante del mensaje bíblico en torno a nuestra necesidad de salvación a lo largo y ancho de un frente muy amplio. Podemos admirarnos del progreso sorprendente de la raza humana en torno a la lucha contra las enfermedades, al adelanto respecto a la calidad de vida para algunos, al mejoramiento de las normas de justicia e igualdad de oportunidades en algunas culturas y en la diseminación de los beneficios de la educación y alfabetización. Sin embargo, cualquier autocomplacencia respecto a tal progreso parcial queda opacado por la devastadora pobreza de millones, la plaga del VIH, que causa el sida, la reaparición de algunas enfermedades que creíamos erradicadas y la espantosa crueldad que termina con la vida de millones en guerras grandes y pequeñas, así como la miseria sin fin de refugiados de por vida.

A todo esto, debemos añadir la realidad de aquellos dos tercios de la población mundial que tienen muy poca o ninguna oportunidad para llegar a comprender la salvación que Jesús logró por medio de su muerte y resurrección, por lo que llegan a vivir y morir en una ignorancia espiritual del evangelio. Esto es así porque detrás de todas las manifestaciones y síntomas de nuestra urgente condición humana se encuentra la realidad fundamental de nuestro pecado, de nuestra intencionada rebelión contra Dios, con todas las consecuencias de ello, incluyendo lo que la Biblia claramente y en repetidas ocasiones denomina la *ira de Dios*. Necesitamos que se nos salve o, de lo contrario, no habrá esperanza en cualquier nivel para el presente o el futuro, para esta vida o la venidera.

La amplitud de contextos en los que la Biblia proclama la salvación de Dios es muy amplia. Deberíamos resistir con prontitud la tentación de descartar y eliminar todos los casos que pensamos que son «comunes», «no espirituales» o «mundanos» del lenguaje bíblico en torno a la salvación y luego identificar solamente aquellos que creemos que son «teológicos», «trascendentes» o «eternos», porque ello constituye una forma de dualismo que no encuentra apoyo en la Biblia y en el que los cristianos sucumben muy fácilmente.

Obviamente, debemos saber discernir las *prioridades* de la Biblia dentro de su amplio plan de salvación, pues algunos aspectos son más relevantes que otros. Al fin y al cabo, algunas necesidades humanas tienen mayor importancia que otras, así como hay ciertos asuntos de los que se nos tiene que salvar de manera prioritaria, ya que son mucho más fatales y destructivos que otros. Por ejemplo, la propia Biblia nos muestra que es más importante que se nos salve de la ira de Dios que de alguna enfermedad o injusticia; sin embargo, enfatiza también que *ambos* aspectos forman parte de la obra salvadora de Dios. No debemos limitar la terminología de la salvación a solamente una parte de lo que las Escrituras dan a conocer.

Efectivamente, es necesario que advirtamos aquellos distintos niveles y prioridades, pero también es importante que comprendamos la visión total de la Biblia respecto a la salvación. Debemos permitir que todo el testimonio bíblico hable por sí mismo, pues la salvación bíblica involucra toda la historia de la Biblia y no solo consiste en un conjunto de doctrinas teológicas o experiencias espirituales. Además, la descripción que ofrece respecto a la obra de Dios en la salvación incluye toda la vida humana en todas sus dimensiones, pues no solo es una simple póliza de seguro para nuestras almas tras nuestra muerte. En otras palabras, es necesario que tengamos un entendimiento *integral* de la salvación, a lo cual también se dedicará este libro de principio a fin.

La salvación en general

En el Antiguo Testamento

En el Antiguo Testamento, el verbo *yasha* (salvar) y los sustantivos que se derivan de este (especialmente *yeshúa*, salvación), junto con el verbo *hitsil* (liberar), se usan en distintos contextos. A continuación, ofrezco algunos ejemplos. En cada caso, he colocado en cursivas los verbos o sustantivos pertinentes a la salvación con el fin de que se pueda identificar fácilmente el punto de cada referencia.

- *Liberación del yugo de los opresores o enemigos.* Este es quizá el uso más común de todos debido a que la historia de Israel está llena de tales situaciones que corresponden a la liberación de parte de Dios. El Éxodo fue el mayor ejemplo y el prototipo de los demás casos.

  > Pero el Señor siguió diciendo:
  > —Ciertamente he visto la opresión que sufre mi pueblo
  > en Egipto. Los he escuchado quejarse de sus capataces,
  > y conozco bien sus penurias. Así que he descendido
  > para librarlos del poder de los egipcios y sacarlos de ese

país, para llevarlos a una tierra buena y espaciosa, tierra donde abundan la leche y la miel. Me refiero al país de los cananeos, hititas, amorreos, ferezeos, heveos y jebuseos.

(Éx 3.7–8)

Cada vez que los israelitas salían a combatir, la mano del Señor estaba en contra de ellos para su mal, tal como el Señor se lo había dicho y jurado. Así llegaron a verse muy angustiados.

Entonces el Señor hizo surgir caudillos que los libraron del poder de esos invasores [...]. Cada vez que el Señor levantaba entre ellos un caudillo, estaba con él. Mientras ese caudillo vivía, los libraba del poder de sus enemigos, porque el Señor se compadecía de ellos al oírlos gemir por causa de quienes los oprimían y afligían.

(Jue 2.15–16, 18)

- *Victoria en la batalla*. Comúnmente, cuando los israelitas rogaban a Dios que los ayudara en la batalla o cuando rogaban por un rey en aquella situación, apelaban al poder de Dios para salvarlos.

> Ahora sé que el Señor salvará a su ungido,
> que le responderá desde su santo cielo
> y con su poder le dará grandes victorias.
> Estos confían en sus carros de guerra,
> aquellos confían en sus corceles,
> pero nosotros confiamos en el nombre
> del Señor nuestro Dios.
> Ellos son vencidos y caen,
> pero nosotros nos erguimos y de pie permanecemos.
> *¡Concede, Señor, la victoria al rey!*
> ¡Respóndenos cuando te llamemos!

(Sal 20.6–9; ver también Sal 33.16–19)

- *Sanidad de las enfermedades*. Isaías 38 registra la historia de la enfermedad mortal de Ezequías. En respuesta a sus oraciones y lamentos, Dios le devolvió la salud (y le prometió liberar a su ciudad de las manos del rey de Asiria, v. 6).

El canto de agradecimiento que Ezequías le ofreció a Dios ilustra la importancia de haberse mantenido con vida para alabarlo entre los que viven. Para Ezequías, haber sido liberado de la muerte física constituyó la salvación de Dios en aquel punto de su vida.

> El Señor me salvará,
> > y en el templo del Señor
> todos los días de nuestra vida
> > cantaremos con instrumentos de cuerda.
>
> *(Is 38.20)*

- *Rescate de enemigos, perseguidores o detractores personales.* Muchos de los salmos surgieron del sufrimiento en medio de ataques personales, los cuales pueden haber sido calumnias, acusaciones injustas frente al juez, amenazas o persecuciones físicas directas. En estas circunstancias, David y los demás salmistas no tenían recurso alguno para poder vengarse o ejecutar justicia por mano propia, sino que debían confiar en Dios, quien los terminaría librando. Es decir, recurrían a Él para que sacase la cara por ellos y los defendiese de estos ataques, de cualquier clase. La terminología de la salvación se usa comúnmente para expresar esta apelación. El propio Dios la utilizó para responder a Jeremías cuando este le rogaba que hiciese algo en contra de aquellos que le hacían la vida imposible.

> ¡*Sálvame*, Señor mi Dios, porque en ti busco refugio!
> > ¡*Líbrame* de todos mis perseguidores!
> De lo contrario, me devorarán como leones;
> > me despedazarán, y no habrá quien me libre [...]
> Mi escudo está en Dios,
> > que *salva* a los de corazón recto.
>
> *(Sal 7.1–2, 10)*

> Haré que seas [Jeremías] para este pueblo
> > como invencible muro de bronce;
> pelearán contra ti,
> > pero no te podrán vencer,

porque yo estoy contigo
para *salvarte y librarte*
—afirma el Señor—.
Te *libraré* del poder de los malvados;
¡te *rescataré* de las garras de los violentos!

(Jer 15.20–21)

- *Exoneración en el juicio.* La experiencia de ser acusado injustamente no solo es dolorosa, sino también riesgosa para la vida, dependiendo de la gravedad de la acusación. Asimismo, es profundamente destructivo, tanto de modo individual como colectivo, el hecho de apelar ante el juez para lograr justicia en alguna situación de opresión o explotación y luego no recibirla y ser marginado aún más. En estas situaciones, los israelitas presentaron sus apelaciones a Dios para que los salvara de la injusticia de la forma más literal posible.

Una manera con la que Dios ejercía su poder salvador en la sociedad era asegurándose de que la persona a quien había designado como rey, es decir, la máxima autoridad del sistema judicial, actuaría también de una forma justa. Por ello, el salmo 72 ruega a Dios que le otorgue al rey su propia justicia y misericordia, pues solamente de este modo la autoridad se comportaría como el salvador de los pobres y necesitados, ya que en estos versículos el rey se presenta como el agente de la salvación de Dios, tanto en la esfera social como en la económica. Dios es la fuente de la salvación (con el significado de haber sido rescatado de la injusticia), pese a que un ser humano (el rey o su dominio) es el agente de ello.

El rey hará justicia a los pobres del pueblo
y *salvará* a los necesitados;
¡él aplastará a los opresores! [...]
Se compadecerá del desvalido y del necesitado,
y a los menesterosos les *salvará* la vida.

(Sal 72.4, 13)

En otros casos, se dice que Dios obra directamente como juez para salvar al necesitado.

> Desde el cielo diste a conocer tu veredicto;
> la tierra, temerosa, guardó silencio
> cuando tú, oh Dios, te levantaste para juzgar,
> para salvar a los pobres de la tierra.
>
> *(Sal 76.8–9)*

Por lo tanto, hablar de que Dios salva a una persona o un pueblo en el Antiguo Testamento se puede referir a muchas maneras en que los rescata de situaciones peligrosas o negativas y les otorga libertad o seguridad.

En el Nuevo Testamento

En el Nuevo Testamento, el verbo griego *sozo* (salvar) y su sustantivo derivado *soteria* (salvación) se usan también en el mismo sentido amplio, incluso cuando Dios es el sujeto. Es decir, Él puede salvar a los seres humanos de la misma manera general que hemos visto en el Antiguo Testamento, pues es una falsa diferencia afirmar que en el Antiguo Testamento la salvación era nacional o física, mientras que en el Nuevo Testamento se vuelve espiritual e individual. Una vez más, aquella clase de dualismo no tiene cabida en la Biblia. Ambos Testamentos hablan de la salvación en términos amplios y generales. A continuación, ofrezco algunos ejemplos:

- *El rescate de personas a punto de morir ahogadas.* En dos ocasiones Jesús acudió al auxilio de gente que corría peligro de ahogarse y que pidieron su ayuda. En el segundo caso, que involucra a Pedro en particular, la historia se ha contado sin lugar a dudas con ciertos paralelos metafóricos y espirituales en mente, como algunos sermones lo han explicado; sin embargo, se trata también de un peligro de ahogamiento literal en aguas físicas en el que Pedro clama por su salvación física. No pedía que fuese salvado para que pudiera ir al cielo cuando muriera, sino con el fin de salvarse de aquellas aguas allí mismo.

> De repente, se levantó en el lago una tormenta tan fuerte
> que las olas inundaban la barca. Pero Jesús estaba dormido.
> Los discípulos fueron a despertarlo.

—¡Señor —gritaron—, *sálvanos*, que nos vamos a
ahogar!

(Mt 8.24–25)

Pero, al sentir el viento fuerte, [Pedro] tuvo miedo y
comenzó a hundirse. Entonces gritó:
—¡Señor, *sálvame*!

(Mt 14.30)

- *La sanidad de una enfermedad en fase terminal*. Cuando los
discípulos supusieron que Lázaro estaba tan solo durmiendo y no
muerto, esperaron verlo recuperarse de aquella enfermedad de la
que decían que sería «salvo». Esto se parece mucho a lo que leemos
en los salmos y la oración de Ezequías.

  Dicho esto, añadió:
  —Nuestro amigo Lázaro duerme, pero voy a
  despertarlo.
  —Señor —respondieron sus discípulos—, si duerme,
  es que va a *recuperarse* [lit. será salvo].

(Jn 11.11–12)

- *La sanidad de una dolencia o discapacidad*. En muchos relatos en
los que Jesús milagrosamente realiza sanidades, los evangelios
usan la palabra *sozo* de una manera ambigua.
  Unas veces el énfasis recae claramente en la sanidad física (lo
mismo ocurre en el Antiguo Testamento).

  Pensaba: «Si al menos logro tocar su manto, quedaré *sana*».
  Jesús se dio vuelta, la vio y le dijo:
  —¡Ánimo, hija! Tu fe te ha *sanado*.
  Y la mujer quedó *sana* en aquel momento.
  (Mt 9.21–22; la palabra «sanar», que aparece aquí tres
  veces, es en realidad «salvar» en griego)

Otras veces se enfatiza más la dimensión espiritual detrás de la
enfermedad (Mr 2.1–12), y en otras ocasiones es probable que
se involucre lo físico y lo espiritual, con esto último como factor
dominante (Lc 7.36–50). Sobre todo, el *sabbat* es el momento por

excelencia para «salvar vidas», que en su contexto significa 'sanar a los enfermos' (Mr 3.1–5).

- *Ser rescatado de la muerte.* Los evangelios registran posiblemente el uso más irónico del lenguaje de salvación en la Biblia. En el preciso momento en que Jesús entregaba su vida por la salvación del mundo, la gente que lo rodeaba se burló de Él diciéndole que se salvase a sí mismo, es decir, que se salvara del sufrimiento y su inevitable muerte en la cruz.

> La gente, por su parte, se quedó allí observando, y aun los gobernantes estaban burlándose de él.
>
> —Salvó a otros —decían—; que se *salve* a sí mismo si es el Cristo de Dios, el Escogido.
>
> También los soldados se acercaron para burlarse de él. Le ofrecieron vinagre y le dijeron:
>
> —Si eres el rey de los judíos, *sálvate* a ti mismo.
>
> Resulta que había sobre él un letrero, que decía: «Este es el Rey de los judíos».
>
> Uno de los criminales allí colgados empezó a insultarlo:
>
> —¿No eres tú el Cristo? ¡*Sálvate* a ti mismo y a nosotros!
>
> *(Lc 23.35–39)*

La profunda ironía es especialmente evidente en lo que le exigía uno de los ladrones crucificado a su lado: *¡Sálvate a ti mismo y a nosotros!* En ello consiste exactamente el punto. Jesús no podía realizar ambas cosas: no podía salvarse a Él mismo *y* a *nosotros.* Pudo haberse salvado convocando instantáneamente una legión de ángeles para que lo liberaran de aquella injusta ejecución; pero, si así hubiera sucedido, no habría podido salvarnos a nosotros o a cualquier otra persona de lo que justamente merecíamos por nuestra rebelión. O habría podido salvarnos; pero, en este caso, no habría podido salvarse a Él mismo, porque, así como tantas veces lo dijo, el propósito de su venida había sido entregar su vida para la salvación de los demás. Así que, contra toda mofa, Jesús persistió incondicionalmente en evitar salvarse a sí mismo y prefirió ofrecer su vida para que pudiera salvarnos.

- *Ser rescatado de los peligros físicos y espirituales*. Gracias a su amplio vocabulario teológico de salvación, Pablo le dio a esta palabra un uso muy natural y colocó a Dios en su centro con el propósito de describir sus propias experiencias recientes de haber sido rescatado de peligros físicos y espirituales, de hostilidades y ataques, así como ocurre en el lenguaje de los salmos.

> Hermanos, no queremos que desconozcan las aflicciones que sufrimos en la provincia de Asia. Estábamos tan agobiados bajo tanta presión que hasta perdimos la esperanza de salir con vida: nos sentíamos como sentenciados a muerte; pero eso sucedió para que no confiáramos en nosotros mismos, sino en Dios, que resucita a los muertos. Él nos *libró* y nos *librará* de tal peligro de muerte. En él tenemos puesta nuestra esperanza, y él seguirá *librándonos*.
>
> *(2Co 1.8–10; «librar» es la traducción de rhyomai)*

Salvación del pecado

Así que en ambos Testamentos Dios salva de muchas maneras (física, material y temporal) y de toda clase de situaciones precarias, peligros y amenazas; pero, claro, también en los dos la obra salvífica de Dios trasciende más lejos. No es que las situaciones mencionadas no sean problemas reales y peligros en sí mismos. Ciertamente lo son y Dios toma muy en serio nuestra necesidad de que nos salve de ellas, como se ve que ocurre en grandes fragmentos de la narración bíblica sobre historias en las que salva a las personas de sufrimientos terrenales «comunes» y de necesidades y peligros de toda clase. Sin embargo, la Biblia muestra que todos esos peligros son manifestaciones de un trastorno mucho más profundo de la vida humana. Nos dice que hay algo que se esconde detrás y por debajo de todos estos síntomas de nuestra condición humana.

Reflexiona sobre las situaciones que se nombran a continuación:

- ataque de enemigos
- mentiras

- enfermedades
- opresión
- calumnias
- violencia
- muerte

Todas estas situaciones representan asuntos por los cuales las personas de la Biblia rogaban que Dios las salvase, y con todo derecho. Él oyó sus plegarias y a menudo obró decisivamente para rescatarlas de esos peligros; los cuales, sin embargo, desde sus raíces más profundas, son también producto de la rebelión y el pecado en el corazón del ser humano. Allí es donde yace la fuente de todos los problemas, como lo demuestran con toda claridad las primeras historias de la Biblia. La rebelión del ser humano y su desobediencia a Dios han inyectado su funesto efecto en cada dimensión de la *persona*, en cada dimensión de la *sociedad* y en el triste desarrollo de la *historia* humana, lo que aumenta con el paso de cada generación.

Por ello, la humanidad necesita desesperadamente que Dios trate con el pecado —con el del mundo y el de su propio pueblo—. *El Dios bíblico que salva es el mismo que trata con el pecado*. Podríamos llamar a esto una dimensión verdaderamente *radical* de la enseñanza bíblica respecto a la salvación. La que este Dios nos ofrece es una salvación que en primer lugar diagnostica dónde yacen nuestros problemas fundamentales, no solo con su fruto no deseado. En cambio, los dioses falsos y artificiales ofrecen una salvación que deja el problema de fondo tal como está. Por ello, necesitamos examinar lo que ambos Testamentos nos dicen acerca de la salvación del pecado. Se trata ciertamente de muy buenas noticias.

La salvación del pecado en el Antiguo Testamento

Es importante que insistamos en que la salvación del pecado no es solamente una perspectiva del Nuevo Testamento. En efecto, los israelitas del Antiguo Testamento sabían de las profundas consecuencias del pecado y que solamente la gracia de Yahvé podía purificar aquellas partes en las que otros remedios, incluyendo su propio sistema de sacrificios, no podían actuar.

Nadie ha podido superar el profundo concepto que los salmistas tenían respecto al pecado personal, así como a la necesidad del perdón y la purificación.

> Dichoso aquel
>> a quien se le perdonan sus transgresiones,
>> a quien se le borran sus pecados.
> Dichoso aquel
>> a quien el Señor no toma en cuenta su maldad
>> y en cuyo espíritu no hay engaño.
>
> *(Sal 32.1–2)*

> Ten compasión de mí, oh Dios,
>> conforme a tu gran amor;
> conforme a tu inmensa bondad,
>> borra mis transgresiones.
> Lávame de toda mi maldad
>> y límpiame de mi pecado.
> Yo reconozco mis transgresiones;
>> siempre tengo presente mi pecado.
>
> *(Sal 51.1–3)*

Igualmente, se alegraron porque Dios es capaz de eliminar totalmente el pecado y olvidarse de este.

> No nos trata conforme a nuestros pecados
>> ni nos paga según nuestras maldades.
> Tan grande es su amor por los que le temen
>> como alto es el cielo sobre la tierra.
> Tan lejos de nosotros echó nuestras transgresiones
>> como lejos del oriente está el occidente.
>
> *(Sal 103.10–12)*

Esta proeza de un perdón permanente inspiró a Miqueas a recurrir a la siguiente metáfora marítima:

> Vuelve a compadecerte de nosotros.
>> Pon tu pie sobre nuestras maldades
>> y arroja al fondo del mar todos nuestros pecados.
>
> *(Mi 7.19)*

Por su parte, Isaías se dio cuenta de que Dios, a pesar de la testarudez e incorregibilidad de Israel, sencillamente Él podía borrar aquellos pecados que lo habían ofendido tanto.

> Yo soy el que por amor a mí mismo
>> borra tus transgresiones
>> y no se acuerda más de tus pecados.
>
> *(Is 43.25)*

Sin embargo, esta gracia tenía un alto costo, dado que la misión del siervo del Señor era *cargar con* aquel pecado e iniquidad. De hecho, debía ofrecer su propia vida como una ofrenda por la culpabilidad (Is 53.10–12).

Ezequiel aguardaba con ansias el día en que Dios purificaría a Israel de su pecado y le daría un nuevo corazón y espíritu (Ez 36.24–28); transformación que sería simple y llanamente una resurrección (Ez 37). Por lo tanto, incluso la propia muerte, con su manto de lágrimas — aquella sentencia de muerte que Dios decretó en el jardín del Edén—, sería destruida en última instancia. La promesa de Isaías se cumple a plenitud en las propias palabras de Dios en Apocalipsis 21.4.

> Sobre este monte rasgará
>> el velo que cubre a todos los pueblos,
>> el manto que envuelve a todas las naciones.
> Devorará a la muerte para siempre;
>> el Señor omnipotente enjugará las lágrimas de todo
>>> rostro,
> y quitará de toda la tierra
>> el oprobio de su pueblo.
>>> El Señor mismo lo ha dicho.
>
> *(Is 25.7–8)*

El periodo postexílico trajo un anhelo aún mayor por la solución final al problema del pecado y el reconocimiento de que solo Dios podría proveerlo. Aquel día llegaría.

> En aquel día se abrirá una fuente para lavar del pecado y
> de la impureza a la casa real de David y a los habitantes de
> Jerusalén.
>
> *(Zac 13.1)*

En ese día el ungido de Dios pondrá fin a las transgresiones y pecados, pedirá perdón por la maldad y establecerá para siempre la justicia (Dn 9.24).

El Antiguo Testamento conocía todo lo relacionado con las realidades espirituales internas respecto al pecado y, con la misma profundidad, sabía cuál era la solución: nada menos que el perdón y la salvación de parte de Yahvé, Dios de Israel. Por ello, no nos sorprende que Miqueas haya hecho esta pregunta retórica, que refleja el significado de su propio nombre (Miqueas, en hebreo, significa 'el que se parece a Yahvé'):

> ¿Qué Dios hay como tú,
>> que perdone la maldad [...]?

(Mi 7.18)

¡De veras! ¿Quién como Él?

La salvación del pecado en el Nuevo Testamento

Los textos que acabamos de ver, que se coleccionaron a lo largo de la historia y las escrituras del Israel veterotestamentario, fueron parte de las grandes esperanzas y expectativas con las cuales los escritores de los evangelios enmarcaron la venida de Jesús. Anhelaban que Dios viniera y resolviera el problema del pecado, y se dieron cuenta de que en Cristo les presentaba la nueva era de salvación para su pueblo del Antiguo Testamento (Israel) y también para el mundo. Sería una era de plena salvación solo y precisamente porque Dios, por medio de Jesús, finalmente trataría con el pecado en su totalidad. No puede haber una salvación final y definitiva sin una solución final del pecado, lo cual solo Dios puede lograr.

Los preparativos

Como preparativo para la venida y el ministerio de Jesús, Juan el Bautista predicó un mensaje de arrepentimiento y perdón del pecado (Mt 3.6) y, al mismo tiempo, señaló a Jesús como el que «quita el pecado del mundo» (Jn 1.29). Mateo registra la explicación que el ángel da respecto al significado del nombre Jesús (Yejoshua), «porque él salvará a su pueblo de sus pecados» (Mt 1.21).

Por su parte, Lucas ofrece una explicación mucho más amplia y florida respecto al lenguaje de salvación en torno a la llegada de Jesús, lo que Howard Marshall describe como «una obertura a la historia de la salvación». Los relatos del nacimiento en el Evangelio de Lucas, afirma Marshall, «operan como una obertura que abre paso a los temas principales del drama que está por iniciarse, pero lo hace con su propia música característica. Uno de los tonos que más resalta es el de la salvación».[1] Lucas usa una terminología de la salvación siete veces en los primeros tres capítulos:

- en el canto de María (1.47),
- en el canto de Zacarías (1.69, 71, 77),
- en el anuncio del ángel a los pastores (2.11),
- en el canto de Simeón (2.30),
- en la cita que Lucas ofrece de Isaías 40 (3.6).

Este Jesús recién nacido es, sobre todo, la salvación de Dios que ha venido a la tierra.

Mateo

El relato de Mateo acerca del encuentro de Jesús con el joven rico asocia la salvación con heredar la vida eterna y entrar en el reino de Dios.

> Sucedió que un hombre se acercó a Jesús y le preguntó:
>
> —Maestro, ¿qué es lo bueno que debo hacer para obtener *la vida eterna*? […].
>
> —Les aseguro —comentó Jesús a sus discípulos— que es difícil para un rico entrar en *el reino de los cielos* […].
>
> Al oír esto, los discípulos quedaron desconcertados y decían:
>
> —En ese caso, ¿quién podrá *salvarse*?
>
> *(Mt 19.16, 23, 25, las cursivas son mías)*

Por lo tanto, para Mateo, la salvación incluye disfrutar la vida según el reino de Dios en toda su plenitud junto con todos los de su pueblo que han sido restituidos y salvados.

---

[1] I. Howard Marshall, «Salvation», en Joel B. Green, *et al.* (eds.), *Dictionary of Jesus and the Gospels* (Downers Grove y Leicester: IVP, 1992, pp. 719–724), p. 723.

Lucas

Lucas registra el evento en el cual Jesús anuncia que la salvación ha llegado aquel mismo día a la casa de Zaqueo debido a la respuesta que este dio respecto a la desafiante presencia de Jesús en su hogar.

> Pero Zaqueo dijo resueltamente:
>
> —Mira, Señor: Ahora mismo voy a dar a los pobres la mitad de mis bienes y, si en algo he defraudado a alguien, le devolveré cuatro veces la cantidad que sea.
>
> —Hoy ha llegado *la salvación* a esta casa —le dijo Jesús—, ya que este también es hijo de Abraham. Porque el Hijo del hombre vino a buscar y a *salvar* lo que se había perdido.
>
> *(Lc 19.8–10, las cursivas son mías)*

Zaqueo demostró su arrepentimiento debido a una serie de enmiendas que le permitieron retornar a la ley (restituir cuatro veces lo robado, tal como se prescribe en Éx 22.1) y superar con generosidad lo que la norma requería (dio la mitad de sus bienes a los pobres), decisión que tomó en la dirección que el joven rico se negó a seguir.

De una manera que vale la pena notar, Jesús relacionó su declaración con la salvación de Abraham. Zaqueo era ahora un verdadero hijo del pacto con el patriarca, porque había logrado ingresar a la esfera de la salvación gracias a la manera en que respondió al llamado de Cristo. Sin aquella respuesta, habría permanecido sin salvación y entre los perdidos, pese a pertenecer a la etnia israelita y ser descendiente físico de Abraham. Solo por haber reconocido a Jesús el Mesías, ahora pertenecía a los verdaderos israelitas abrahámicos, a aquellos a quienes Cristo vino a buscar y salvar.

Debemos notar también, en relación con las posturas que se promueven en la teología de la prosperidad (las que analizaremos más adelante), que, para Zaqueo, el hecho de ser salvo no logró aumentar sus riquezas, sino, por el contrario, las redujo bastante. Asimismo, se debe observar que, mientras el recaudador de impuestos más se deleitaba en sus cada vez mayores riquezas, más *perdido* lo encontraba Jesús, pues era un pecador desobediente. Sin embargo, gracias a su arrepentimiento, Cristo lo consideró salvo, ya que fue restituido a una vida obediente bajo el pacto y manifestó honradez y generosidad. La salvación para Zaqueo redujo su fortuna, pero aumentó su devoción a Dios. En cambio, las enseñanzas de la teología de la prosperidad parecen hacer lo opuesto.

Juan

En su clásico resumen del evangelio, a partir de los israelitas, Juan amplía hacia todo el mundo el alcance de la salvación.

> Porque tanto amó Dios al mundo que dio a su Hijo unigénito, para que todo el que cree en él no se pierda, sino que tenga vida eterna. Dios no envió a su Hijo al mundo para condenar al mundo, sino para salvarlo por medio de él.
>
> *(Jn 3.16–17)*

Con algo de ironía, Juan coloca también este mismo mensaje en labios de los odiados samaritanos. Gracias al testimonio de una mujer marginada que había aprendido de Jesús que «la salvación proviene de los judíos» (Jn 4.22), la gente de su pueblo llegó a testificar que de hecho Jesús era «el Salvador del mundo» (Jn 4.42).

Igualmente, Juan deja bien en claro que la salvación significa ser salvo *de* la ira y el juicio de Dios (como también lo había afirmado Juan el Bautista con claridad) y que no es sencillamente una contraseña que indique una vida feliz. Es cierto que hay una terrible realidad *de la que* necesitamos ser rescatados; pero las consecuencias de nuestro pecado y nuestra incredulidad son tales que ya estamos bajo la justa condena de Dios y, en última instancia, sufriremos el irrevocable veredicto del juicio final. La única alternativa frente a ser salvos y tener vida eterna es recibir nuestro merecido castigo y morir bajo la condena de Dios; por lo tanto, debemos recibir ahora su salvación, por medio de Jesús, para que evitemos la ira venidera. La salvación y el juicio son claramente los elementos binarios opuestos en la teología de Juan (como lo son también en todo el Nuevo Testamento). Constituyen el trasfondo innegociable del evangelio al que Juan desea que sus lectores presten atención y crean. El juicio de Dios son las inevitables malas noticias, sin las cuales las buenas nuevas no tendrían ningún sentido o, incluso, ninguna razón de existir. Hay tan solo una alternativa para ser salvo, la que Jesús explica con lujo de detalles: la condenación final.

> Si alguno escucha mis palabras, pero no las obedece, no seré yo quien lo juzgue; pues no vine a juzgar al mundo, sino a salvarlo. El que me rechaza y no acepta mis palabras tiene quien lo juzgue. La palabra que yo he proclamado lo condenará en el día final.
>
> *(Jn 12.47–48)*

Pablo

Para Pablo, el clímax del pacto de Dios con el Israel veterotestamentario fue que, por medio de la muerte del Mesías Jesús, que cargó nuestros pecados, la salvación está ahora disponible para todos aquellos judíos que creen en Él y también para la gente de cualquier pueblo y nación. Esto es exactamente lo que en las escrituras del Antiguo Testamento se había prometido específicamente a Abraham. La salvación vendría *de parte de* Israel (es decir, por medio de la historia de Dios y su interacción con el Israel veterotestamentario), pero jamás debía *limitarse* a este (en calidad de etnia judía). Desde un inicio, la promesa que Dios le hizo al Israel veterotestamentario tenía en mente al resto del mundo; pero el propio Israel, como una nación de entre todas las de la tierra, necesitaba también la salvación de Dios y solo podía lograrla por medio de su Mesías, Jesús de Nazaret. Por lo tanto, el anhelo y las plegarias de Pablo, que en esencia, forma y contenido concordaban plenamente con las Escrituras, pedían que Dios salvase a su milenario pueblo de Israel.

> Hermanos, el deseo de mi corazón, y mi oración a Dios por los israelitas, es que lleguen a ser salvos.
>
> *(Ro 10.1)*

¿Cuántos salmistas y profetas de la era del Antiguo Testamento elevaron esta plegaria antes de que lo hiciera Pablo? En aquel deseo el apóstol se unió también a las plegarias de sus contemporáneos judíos del primer siglo, pero difería con ellos en que veía claramente que la respuesta a sus oraciones se hallaba en la persona del Mesías crucificado, Jesús de Nazaret. Pablo sabía que solamente por medio de Cristo, Dios salvaría a Israel, en aquellos días, ahora y por siempre. Pero Dios *ya había* salvado a Israel con la resurrección del Mesías, por lo que *ya estaba* cumplida su promesa respecto a la restauración del Israel veterotestamentario.

> Nosotros les anunciamos a ustedes las buenas nuevas
> respecto a la promesa hecha a nuestros antepasados. Dios
> nos la ha cumplido plenamente a nosotros, los descendien-
> tes de ellos, al resucitar a Jesús.
>
> *(Hch 13.32–33)*

No podemos y no debemos referirnos a la restauración de Israel sin considerar lo que el Nuevo Testamento dice acerca de ello con relación a la resurrección de Jesucristo, porque así es como enfáticamente Pablo entendió el asunto, ya que afirma que la resurrección del Mesías constituye la manera en que Dios cumplió sus promesas al Israel veterotestamentario.

Con sus contemporáneos judíos que no habían recibido a Jesús como el Mesías, Pablo se diferenció también en que se dio cuenta de que, según el glorioso misterio del propósito salvífico de Dios para el mundo, precisamente el endurecimiento de algunos en *Israel* condujo a que se dirigiera el enfoque a las *naciones*. Ello constituye la misma promesa que se hizo en tiempos pasados en las Escrituras y que ahora se estaba cumpliendo por medio de la misión a los gentiles, de la cual Pablo era su apóstol.

> Más bien, gracias a su transgresión [la de Israel] ha venido
> la *salvación* a los gentiles, para que Israel sienta celos.
>
> *(Ro 11.11, las cursivas son mías)*

La terrible ironía —que afligió a Pablo en extremo, debido a su fuerza negativa, y al mismo tiempo le causó mucho entusiasmo por su verdad positiva— consistió en que, al haber rechazado la salvación que debió haber sido suya en Cristo (como cumplimiento de todas las promesas del pacto del Antiguo Testamento), los judíos incrédulos abrieron las puertas precisamente para la salvación de las demás naciones. Sin embargo, Pablo seguía creyendo que la salvación de los gentiles ocasionaría en última instancia que «todo Israel» fuese también salvo en Cristo (Ro 11.26).

Las cartas de Pablo fueron escritas principalmente a las comunidades de estos gentiles creyentes, es decir, a representantes de las naciones no judías que ahora estaban siendo reunidas como pueblo de Dios, para que se cumpliesen las promesas a Abraham. Por ello, les podía decir a los cristianos gentiles de Éfeso que habían sido salvos por la gracia de Dios, tal como el Antiguo Testamento describió la salvación de Israel.

> Porque por gracia ustedes han sido salvados mediante la fe; esto no procede de ustedes, sino que es el regalo de Dios, no por obras, para que nadie se jacte.
>
> *(Ef 2.8–9)*

Pero luego Pablo les explica en detalle la increíble transformación que esta salvación ha producido en las circunstancias de estos conversos no judíos. Por un lado, no eran distintos de los israelitas, pues (como Pablo afirma en Ro 3.23) «todos han pecado y están privados de la gloria de Dios. Así que, al igual que el propio apóstol y sus compañeros judíos, esta gente extranjera había vivido una vida de muerte, de muerte espiritual, influenciada por Satanás desde afuera y controlada por los deseos pecaminosos desde dentro (Ef 2.1–3). Mucha de esa condición era común para toda la humanidad, y la única respuesta a ella, tanto para los judíos como para los gentiles, era volver a tener vida por medio del amor y la misericordia de Dios, así como por la muerte, resurrección y ascensión de Jesús (Ef 2.4–10). Sin embargo, para los no judíos era incluso peor debido a que antes habían estado excluidos de todo lo que Dios había hecho en el Israel veterotestamentario. Prestemos atención a la evaluación de Pablo respecto del estado anterior de los gentiles, es decir, antes de que tuvieran fe en Jesucristo:

> Por lo tanto, recuerden ustedes los gentiles de nacimiento —los que son llamados «incircuncisos» por aquellos que se llaman «de la circuncisión», la cual se hace en el cuerpo por mano humana—, recuerden que en ese entonces ustedes estaban separados de Cristo, excluidos de la ciudadanía de Israel y ajenos a los pactos de la promesa, sin esperanza y sin Dios en el mundo.
>
> *(Ef 2.11–12)*

Se trata de la descripción de un atroz aislamiento y exclusión. Los gentiles paganos estaban:

- separados del Mesías de Israel,
- separados de la comunidad de Israel,
- separados de las promesas del pacto hecho a Israel,
- separados de las esperanzas de Israel y
- separados del Dios de Israel.

> *Pero ahora* en [el Mesías] Cristo Jesús, a ustedes que antes estaban lejos, Dios los ha acercado mediante la sangre de Cristo.
>
> *(Ef 2.13)*

En otras palabras, por medio de la cruz del Mesías y la predicación del evangelio:

- los que estaban separados se han vuelto a unir,
- los que estaban aislados se han reconciliado,
- los que estaban lejos se han acercado,
- los que estaban fuera han sido traídos dentro.

Se ha creado una nueva humanidad, la cual ha sido presentada a Dios por medio de Cristo (Ef 2.14–18). Como resultado de ello, quienes antes languidecían en soledad y aislamiento ahora se han convertido en:

- conciudadanos de la patria de Dios,
- miembros de la familia y la morada de Dios.

Prestemos atención a ello en las propias palabras de Pablo:

> Por lo tanto, ustedes ya no son extraños ni extranjeros, sino conciudadanos de los santos y miembros de la familia de Dios, edificados sobre el fundamento de los apóstoles y los profetas, siendo Cristo Jesús mismo la piedra angular. En él todo el edificio, bien armado, se va levantando para llegar a ser un templo santo en el Señor. En él también ustedes son edificados juntamente para ser morada de Dios por su Espíritu.
>
> *(Ef 2.19–22)*

Todas estas imágenes y comparaciones son sólidamente escriturales y reflejan categorías del pacto. Se trata del lenguaje del Antiguo

Testamento que ahora se aplica a todo el nuevo pueblo de Dios en Cristo. Esta es la gloriosa textura de lo que Pablo quiere decir con salvación. Esta es la ampliación milagrosa a la gente de todas las naciones respecto a las grandes verdades del pacto que se estableció con el Israel veterotestamentario y que ahora se encuentra disponible para todos los que confían en el Señor Jesucristo, tanto judíos como gentiles, con la misma igualdad y solidaridad.

No nos sorprende que Pablo se coloque hombro a hombro con los autores de los evangelios porque consideran que la salvación es el eje central y climático de la encarnación. ¿Cuál fue la razón del nacimiento de Jesús? ¿Por qué Dios vino al mundo como un ser humano? Por esta única razón, como Pablo dice en la siguiente memorable frase: «[…] que Cristo Jesús vino al mundo a salvar a los pecadores […]» (1Ti 1.15).

Así que, mientras repasamos el panorama de todo este capítulo, podemos darnos cuenta de todo el amplio espectro del lenguaje bíblico concerniente a la salvación. Es holístico; es decir, la salvación a la que se refiere la Biblia afecta la vida en todos sus aspectos, según todas las necesidades humanas. Incluye a individuos y naciones. Aborda las profundidades de la persona y la amplitud de la sociedad humana. Cubre la esfera de lo físico y lo espiritual; el pasado, el presente y el futuro; aspectos de la historia y de la eternidad; esta vida y la vida venidera.

Debemos conservar y afirmar esta totalidad bíblica de la obra salvífica de Dios. No hay que dividirla o atribuirle términos como «teológica» o «espiritual» a tan solo una de sus dimensiones. En última instancia, el Dios bíblico ha salvado, salva y seguirá salvando a su pueblo y a su mundo en cada nivel de nuestra humanidad que ha sido creada por Él. Finalmente, toda la obra salvífica de Dios está cimentada en la persona y obra de Jesús, porque la salvación depende totalmente de la gracia, y toda la gracia de Dios es la gracia en Cristo.

Para reflexionar y debatir

1. ¿De qué maneras este capítulo te ha permitido ampliar tu conocimiento respecto al alcance de la salvación, tal como lo describe la Biblia? ¿En qué puntos en particular tu conocimiento previo ha sido desafiado?

2. «La salvación para Zaqueo redujo su fortuna, pero aumentó su devoción a Dios. Las enseñanzas de la teología de la prosperidad parecen hacer lo opuesto». ¿Cómo responderías a esta afirmación en relación con el modo en que se predica la salvación en tu propio contexto? Analiza con mayor detenimiento estas palabras de Jesús a Zaqueo: «Hoy ha llegado la salvación a esta casa», en relación con lo que el recaudador de impuestos dijo e hizo.

3. Según tu contexto local, ¿qué significaría llevar las buenas noticias de la salvación en todas sus dimensiones bíblicas?

Capítulo 2

La salvación y la identidad única de Dios

En el capítulo 1 vimos lo importante que es, cuando se habla de «salvación», usar el término de la misma manera en que lo emplea la Biblia. Lo mismo sucede cuando se habla acerca de Dios. Por ello, debemos asegurarnos respecto a de qué «Dios» estamos hablando. A lo largo de este libro realizaré un estudio panorámico de la Biblia, por lo cual es importante empezar enfatizando que cada vez que utilice la palabra «Dios» me referiré al que se ha revelado en la Biblia. Esto puede parecer obvio, pero, desafortunadamente, hay bastante confusión cuando la gente usa el término «Dios» —o cualquier equivalente en otros idiomas—. Sin embargo, el solo hecho de emplear la palabra correcta no implica que se haya logrado entender su verdadero significado. Algunos que dicen «creer en Dios» se sorprenderían al descubrir lo que la Biblia realmente enseña acerca del Dios viviente. Asimismo, otros que afirman «no creer en Dios» quizá también se sorprendan al descubrir que el «dios» en quien no creen tampoco existe en las Escrituras.

Esta es una de las razones por la que he elegido Apocalipsis 7.10 como una constante para nuestro estudio. Será nuestro texto clave, pues deja bien en claro que aquellos a quienes Juan ha visto celebrando la salvación saben con toda certeza *quién* los ha salvado. «¡La salvación viene de *nuestro* Dios!», dicen, con lo que se refieren al Dios que conocemos a lo largo de todo el desarrollo de la historia bíblica, desde la creación hasta la nueva creación. Esta multitud no canta tan solo un mantra religioso, como si la salvación fuese un «asunto de la religión». Lo que hacen es ofrecer una definición muy específica del Dios a quien la salvación le pertenece. Por ello, en este capítulo exploraremos dos aspectos de esta declaración.

- Por un lado, la salvación *viene de* […] *Dios*. Es decir, le pertenece a Él, no a nosotros.
- Por otro lado, la salvación viene de *nuestro Dios*. Es decir, forma parte de la identidad de Dios; es el Dios que salva (contrario a cualquier otro dios).

La salvación como propiedad de Dios

Nuestro texto clave afirma algo muy importante: «la salvación *viene de... Dios*». La manera en que las palabras han sido escritas en la doxología de Apocalipsis 7.10 revela bastante influencia hebrea, es decir, es la forma en que un israelita del Antiguo Testamento se habría expresado. El texto dice literalmente «salvación del Dios nuestro». Esta es la manera en que en hebreo se comunicaba la idea de posesión o pertenencia. Tiene la misma estructura de las primeras palabras del salmo 24: «Del Señor es la tierra y todo cuanto hay en ella», es decir, la tierra le pertenece a Yahvé, o de las de Deuteronomio 10.14: «Al Señor tu Dios le pertenecen los cielos y lo más alto de los cielos, la tierra y todo lo que hay en ella». La tierra y, de hecho, todo el universo le pertenece al Señor. Ello es lo que la gran multitud de redimidos cantará acerca de la salvación. Como todo lo demás en el universo, ella le pertenece a Dios. Es su propiedad. Nadie más la posee.[1]

Entonces, este es el primer punto que debemos entender. Tenemos la tendencia a pensar que la salvación es algo que gira en torno a nosotros: somos nosotros los que necesitamos «que se nos salve»; queremos saber cómo encontrarla; compartimos con los demás cómo la hemos encontrado y cómo ellos pueden encontrarla también. Pero, desde el principio hasta el fin, debemos recordar que la salvación es

---

[1] Nota del traductor: Me veo en la necesidad de aclarar que, si bien el autor ha hecho un trabajo impecable al explicar ciertos detalles lingüísticos del texto de Apocalipsis 7.10 en su idioma inglés, las traducciones a veces se tropiezan con pasajes como este. Ya que lo que el autor desea explicar está en inglés, no es posible traducirlo al español porque muchas veces es tácito u obvio. En este caso en particular, el texto de Apocalipsis contiene una frase típica a la que le falta el verbo y tiene un caso dativo, con lo que se da a entender la idea de pertenencia. Igual ocurre en el español, que posee el dativo posesivo, heredado del latín, en los pronombres personales «le/les» y la preposición «a».

algo que le pertenece a Dios, no a nosotros. La salvación le pertenece a Dios.

La salvación tiene a Dios en su centro

Podríamos describir este aspecto bíblico de la salvación como *teocéntrico*. Cada vez que la Biblia habla acerca de ella, Dios es su centro clave, su protagonista. Dado que, según la Biblia, la salvación le pertenece a Dios, jamás puede ser un hecho que el ser humano inicie o logre. No es algo que nosotros podamos lograr o merecer por ningún medio, *incluso mediante la religión*. La salvación está en las manos de Dios. No es un hecho que cualquier religión humana pueda ofrecer como recompensa por haber cumplido con algún rito, llevado a cabo alguna obra o haber tenido cierta conducta. La salvación le pertenece a Dios, no a cualquier religión. Según su significado bíblico, no es un hecho que esté a disposición del ser humano o que se pueda lograr.

- No somos dueños ni controlamos la salvación.
- No podemos repartir la salvación a los demás.
- Desde luego que no podemos vender la salvación u ofrecerla bajo nuestras propias condiciones (aunque muchas religiones lo hagan, incluyendo algunas deformaciones del cristianismo a lo largo de los siglos).
- No tenemos la prerrogativa de decidir quién debe recibir la salvación y quién no.
- No podemos amenazar con quitarle la salvación a aquellos a los que Dios se la ha otorgado. Es una decisión y un don de Dios, no nuestro.

La salvación le pertenece a Dios. Según la Biblia, tal como veremos a lo largo de este libro, la salvación:

- empieza con la gracia de Dios,
- se cumple por el poder de Dios,
- se ofrece según las condiciones de Dios,
- la ha logrado el Hijo de Dios,
- fue afirmada por las promesas de Dios,
- fue asegurada por la soberanía de Dios.

Dios es el sujeto del acto de nuestra salvación. No es el objeto de nuestros intentos por ganarla. Con ello quiero decir que Él ofrece salvarnos libremente; no lo manipulamos para lograr que nos la otorgue. Ninguna obra nuestra puede producirla; solo se la puede pedir a Dios y recibirla de parte de Él.

Esta perspectiva bíblica básica respecto a la salvación difiere de aquellas que muestran las religiones (incluyendo algunas versiones erróneas del cristianismo popular), en las cuales la «salvación» (que, obviamente, se define de distintas maneras) es algo que los seres humanos intentan alcanzar. Las religiones nos recetan muchas vías mediante las cuales podemos «encontrar» o lograr nuestra salvación. Una de las metáforas más populares que se nos repite una y otra vez es aquella que afirma que las religiones son como senderos distintos que nos conducen a la cima de una montaña. La salvación (o Dios en otro sentido) se encontraría en esa cima, la cual intentamos alcanzar siguiendo diferentes rutas. Al final, todos llegaremos a aquel lugar aunque nuestros caminos sean distintos. En el capítulo 4 trataremos más a fondo sobre otras religiones; pero, respecto a este punto, debemos tenerlo muy en claro desde el principio.

Los preceptos de las religiones varían mucho en cuanto a los medios que usan para lograr lo que identifican como salvación. Ciertamente, hay algunas religiones no cristianas que están conscientes de la necesidad de recibir gracia inmerecida de parte de la deidad a la que rinden culto y ruegan por su ayuda; pero no importa la clase de preceptos que tengan, pues son siempre un asunto del esfuerzo humano. La Biblia rebasa todos estos esfuerzos porque son básicamente inútiles, pues para ella la salvación le pertenece solo a Dios y a aquellos a quien Él se los ha dado libremente y por razón de lo que Él ha hecho. En cuanto a la metáfora de la montaña, la Biblia más bien la pondría al revés: los seres humanos se encuentran en distintos senderos *bajando* de la montaña, huyendo de Dios y alejándose cada vez más por causa de su pecado y rebelión. Las religiones en sí mismas no constituyen una respuesta a nuestros problemas más profundos.

Dios es la causa de la salvación, incluso cuando hay agentes humanos que se involucran en ella

Obviamente, en la Biblia hay muchas situaciones en las que la salvación ocurre por medio de un agente humano, es decir, en que las personas se involucran en el proceso por el cual llega a ellas. Pero, incluso en estos casos, ya sea de una manera implícita o muy explícita, la *causa* de ese poder para salvar sigue permaneciendo en Dios. Este principio se demuestra una y otra vez en el libro de los Jueces. Por ejemplo, se le dijo a Gedeón que vaya y libere (o salve, ya que la palabra es la misma en hebreo) a Israel; sin embargo, aun cuando este llegará a ser el libertador, solamente lo será porque Dios estará con él.

> El Señor lo encaró y le dijo:
> —Ve con la fuerza que tienes, y salvarás a Israel del poder de Madián. Yo soy quien te envía.
> —Pero, señor —objetó Gedeón—, ¿cómo voy a salvar a Israel? Mi clan es el más débil de la tribu de Manasés, y yo soy el más insignificante de mi familia.
>
> *(Jue 6.14–15)*

A pesar de sus reparos, Gedeón agrupó a su ejército, pero este fue sistemáticamente diezmado antes de que pudiera empezar la guerra. Esto ocurrió porque Dios quería demostrar que Él era la única razón de la victoria, no el tamaño del ejército.

> El Señor le dijo a Gedeón: «Tienes demasiada gente para que yo entregue a Madián en sus manos. A fin de que Israel no vaya a jactarse contra mí y diga que su propia fortaleza lo ha librado [...]
> El Señor le dijo a Gedeón: «Con los trescientos hombres que lamieron el agua, yo los salvaré; y entregaré a los madianitas en tus manos. El resto, que se vaya a su casa».
> *(Jue 7.2, 7; comparar la irónica negativa de Dios de salvarlos en otra ocasión, en Jue 10.11–14)*

De una manera similar, la victoria de David contra Goliat muestra al mundo quién es realmente el Dios que tiene poder para salvar. En aquella ocasión, David fue el agente humano para la salvación de Israel, pero él mismo estaba muy consciente respecto a quién era el verdadero salvador.

> Todos los que están aquí reconocerán que el Señor salva sin necesidad de espada ni de lanza. La batalla es del Señor, y él los entregará a ustedes en nuestras manos.
>
> *(1S 17.47)*

Solo Dios puede salvar

El mensaje que se repite constantemente en el Antiguo Testamento es que solo Yahvé, el Señor Dios de Israel, puede salvar, y aparece especialmente entre los profetas. Quizá también haya muchos otros que ofrezcan la salvación, pero todos con falsas promesas.

- *Yahvé salva porque nadie más es capaz de hacerlo.*

> No se ve la verdad por ninguna parte;
>   al que se aparta del mal lo despojan de todo.
> El Señor lo ha visto, y le ha disgustado
>   ver que no hay justicia alguna.
> Lo ha visto, y le ha asombrado
>   ver que no hay nadie que intervenga.
> Por eso su propio brazo vendrá a salvarlos;
>   su propia justicia los sostendrá.
> Se pondrá la justicia como coraza,
>   y se cubrirá la cabeza con el casco de la salvación;
> se vestirá con ropas de venganza,
>   y se envolverá en el manto de sus celos.
>
> *(Is 59.15–17)*

- *Los astrólogos no salvan.*

> ¡Los muchos consejos te han fatigado!
>   Que se presenten tus astrólogos,
> los que observan las estrellas,
>   los que hacen predicciones mes a mes,
>   ¡que te salven de lo que viene sobre ti!
> ¡Míralos! Son como la paja,
>   y el fuego los consumirá.
> Ni a sí mismos pueden salvarse
>   del poder de las llamas.
> Aquí no hay brasas para calentarse,
>   ni fuego para sentarse ante él.
>
> *(Is 47.13–14)*

- *Los reyes, que ciertamente son simples mortales, no salvan.*

> No pongan su confianza en gente poderosa,
>> en simples mortales, que no pueden salvar.
>>> *(Sal 146.3)*

- *El poder militar no puede salvar.*

> No se salva el rey por sus muchos soldados,
>> ni por su mucha fuerza se libra el valiente.
> Vana esperanza de victoria es el caballo;
>> a pesar de su mucha fuerza no puede salvar.
>>> *(Sal 33.16–17)*

- *Otros dioses son incapaces de salvar.*

> Yo, yo soy el Señor,
>> fuera de mí no hay ningún otro salvador.
> Yo he anunciado, salvado y proclamado;
>> yo entre ustedes, y no un dios extraño.
> Ustedes son mis testigos —afirma el Señor—,
>> y yo soy Dios.
> Desde los tiempos antiguos, yo soy.
>> No hay quien pueda librar de mi mano.
>> Lo que yo hago, nadie puede desbaratarlo.
>>> *(Is 43.11–13)*

> Reúnanse, fugitivos de las naciones;
>> congréguense y vengan.
> Ignorantes son los que cargan ídolos de madera
>> y oran a dioses que no pueden salvar.
> Declaren y presenten sus pruebas,
>> deliberen juntos.
> ¿Quién predijo esto hace tiempo,
>> quién lo declaró desde tiempos antiguos?
> ¿Acaso no lo hice yo, el Señor?
>> Fuera de mí no hay otro Dios;
> Dios justo y Salvador,
>> no hay ningún otro fuera de mí.
>>> *(Is 45.20–21)*

Analizaremos la información del Nuevo Testamento con mayor detenimiento más adelante, pero hay un punto que vale la pena mencionar a estas alturas. Aquí la palabra griega «salvador» (*soter*) se usa ocho veces para referirse a Dios y dieciséis para Jesús, *pero jamás se emplea para ningún otro*. Sin embargo, fue un término muy común en el mundo clásico. Se usaba para describir a reyes y a victoriosos militares, así como para los grandes dioses y los héroes de la mitología. En el antiguo mundo de Grecia y Roma, fácilmente se podía calificar a muchas personas como «salvadoras», pero esto no sucedía en el Nuevo Testamento, pues «¡La salvación viene de nuestro Dios […] y del Cordero!»; nadie más merece el *vocabulario* de la salvación, y menos aún su realidad.

Por lo tanto, ya que solo el Dios de la Biblia es capaz de salvar, y en efecto lo hace, la salvación no es algo que uno pueda «lograr» mediante cualquier religión, considerándola como un conjunto de actividades o aspiraciones humanas. En el debate en torno al pluralismo religioso, la gente a veces se pregunta: «¿Hay salvación en otras religiones?». Pero la manera en que se presenta la interrogante es altamente confusa, pues esconde una presuposición que, desde el punto de vista bíblico, es errónea, la cual es que la salvación es un hecho que uno puede conseguir mediante una religión u otra. De esta manera, asumimos el error de pensar que obtenemos la salvación por medio de nuestra religión cristiana, lo que nos lleva a preguntamos si las personas pueden también obtener la salvación mediante otras religiones.

Sin embargo, según la Biblia, la religión no salva a nadie. Solo Dios lo hace. Somos salvos no por ser cristianos y cumplir con todo lo que exige la religión cristiana, sino debido a que Dios así lo decidió en Cristo y sencillamente nos llamó para que depositáramos nuestra confianza en Él. Nada que hacemos de carácter religioso sirve de medio o causa de nuestra salvación. Nuestro «cristianismo» es la manera en que respondemos, con nuestra fe y nuestra vida, a la obra salvífica de Dios, pero la salvación le pertenece a Él. Nuestras actividades religiosas no lo manipulan para que nos salve, como si pudiésemos colaborar de alguna manera para ser salvos.

«La autosalvación no es una perspectiva bíblica normal», nos dice Gerald O'Collins, y se queda corto al decirlo,[2] pues ni siquiera es una *remota* perspectiva bíblica. Más bien, es totalmente contraria a todo lo que las Escrituras nos dicen acerca de la única fuente de ella: Dios mismo. La salvación es propiedad del Dios de la Biblia.

La salvación como la identidad de Dios

Este Dios y ningún otro más

El canto de los redimidos en Apocalipsis 7.10 es muy específico y particular. Cantan «la salvación viene de *nuestro* Dios». No dicen que solo hay cierta relación entre la salvación y la deidad, como un concepto abstracto y trascendente. El testimonio de esta muchedumbre de testigos no dice: «Si quieres salvación, consíguete un dios; cualquier dios será suficiente». No; más bien afirman que la salvación viene de *nuestro* Dios, de *este* Dios, el de la revelación bíblica y la redención; de Yahvé, el Dios del Israel veterotestamentario, el Dios y Padre de nuestro Señor Jesucristo, el Dios que no se avergüenza de que lo llamen «nuestro Dios». De *este* Dios viene la salvación. Así que pasamos del punto anterior —de que la salvación es propiedad de Dios— al siguiente: que la salvación es propiedad de este Dios en particular, de este Dios y de ninguno otro más.

De hecho, lo que hace que este Dios sea tan particular y distinto de todas las demás supuestas deidades es precisamente su capacidad de salvar y sus obras concretas de salvación. Su naturaleza consiste en salvar, lo cual ha demostrado a lo largo de la historia. Observemos dos pasajes, uno del Antiguo y otro del NuevoTestamento, que manifiestan este punto con mucha claridad. En ambos casos, el contexto es un hecho histórico de salvación; asimismo, en los dos se ruega, a quienes lo presenciaron, que conozcan la verdad acerca de quién es el Dios salvador y viviente.

---

2 Gerald O'Collins, «Salvation», en David Noel Freedman (ed.), *Anchor Bible Commentary* (Nueva York: Doubleday, 1992), vol. 5, pp. 907–914. La cita proviene de la p. 908.

Deuteronomio 4.32–35, 39

> Investiga los tiempos pasados, desde el día que Dios creó al ser humano en la tierra, y examina la tierra de un extremo a otro del cielo. ¿Ha sucedido algo así de grandioso, o se ha sabido alguna vez de algo semejante? ¿Qué pueblo ha oído a Dios hablarle en medio del fuego, como lo has oído tú, y ha vivido para contarlo? ¿Qué dios ha intentado entrar en una nación y tomarla para sí mediante pruebas, señales, milagros, guerras, actos portentosos y gran despliegue de fuerza y de poder, como lo hizo por ti el Señor tu Dios en Egipto, ante tus propios ojos?
>
> A ti se te ha mostrado todo esto para que sepas que el Señor es Dios, y que no hay otro fuera de él. [...]
>
> Reconoce y considera seriamente hoy que el Señor es Dios arriba en el cielo y abajo en la tierra, y que no hay otro.

Hasta ese momento Moisés recuerda los grandes eventos de la historia del Israel veterotestamentario:

- la revelación de Dios en el monte Sinaí (v. 33)
- la redención de Dios a lo largo del Éxodo (v. 34)

Nada parecido a estos eventos sucedió jamás en la historia de otras naciones. La salvación de Dios, tal como la experimentó hasta aquel momento Israel en el Antiguo Testamento, no tiene comparación alguna (fue la primera vez que sucedió esto). Por ello, Moisés nos dice que esta única experiencia histórica de Israel demuestra algo en particular acerca de su peculiar Dios e insiste en que los israelitas ahora saben muy bien quién es el verdadero Dios viviente. Conocen su identidad: Yahvé, el Dios de ellos. Toda esta experiencia histórica no tuvo el propósito tan solo de que supieran que hay un solo Dios (un monoteísmo formal). Aunque esto es cierto, debemos recordar que Santiago dice que creer en un solo Dios no nos sirve de mucho porque los demonios también creen lo mismo. No; el punto era que los israelitas ahora conocían la *identidad* de Dios. Ahora sabían *quién* es Dios. El Dios viviente es el Dios que se ha revelado a sí mismo como

Yahvé y que de manera decisiva ha obrado en la historia de Israel y en su memoria viviente. Por ello, deben conocer a Yahvé y solo a Él como su único Dios salvador (vv. 35, 39).

Hechos 4.8–12

> Pedro, lleno del Espíritu Santo, les respondió:
>
> —Gobernantes del pueblo y ancianos: Hoy se nos procesa por haber favorecido a un inválido, ¡y se nos pregunta cómo fue sanado! Sepan, pues, todos ustedes y todo el pueblo de Israel que este hombre está aquí delante de ustedes, sano gracias al nombre de Jesucristo de Nazaret, crucificado por ustedes, pero resucitado por Dios. Jesucristo es
>
> > «la piedra que desecharon ustedes los constructores,
> > y que ha llegado a ser la piedra angular».
>
> De hecho, en ningún otro hay salvación, porque no hay bajo el cielo otro nombre dado a los hombres mediante el cual podamos ser salvos.

La interesante comparación de este pasaje con el de Deuteronomio es que en ambos casos el interlocutor apela a algo que había sucedido, que nadie podía negar. De hecho, en los versículos 14–16 las autoridades a las que Pedro les dirigió la palabra sabían perfectamente bien que no podían negar lo que todo el mundo en Jerusalén podía ver; esto es, ¡un hombre discapacitado de toda la vida, pero que ahora corría y saltaba por doquier! Así que Pedro aprovecha esta evidencia para hablar de la resurrección de Jesús.

> La multitud fue testigo de una sanidad;
> los apóstoles fueron testigos de la resurrección.
> «Ustedes han visto que un hombre fue sanado;
> nosotros hemos visto a un hombre resucitado».

Y sobre esta base, Pedro prosigue con la sorprendente afirmación de que ahora la salvación se encuentra solamente en Jesús. Recuerden que todos ellos eran judíos, por lo que ya estaban plenamente convencidos, a partir de sus Escrituras, de que la salvación era obra solo de Yahvé, el Dios del Israel veterotestamentario. Pedro afirma que este Dios ha entregado este poder salvífico y único a la persona del Jesús resucitado y a nadie más.

> De hecho, en ningún otro hay salvación, porque no hay bajo el cielo otro nombre dado a los hombres mediante el cual podamos ser salvos.
>
> *(Hch 4.12)*

«Ningún otro Dios, excepto Yahvé», dice Moisés.

«Ningún otro nombre, excepto Jesús», dice Pedro.

Entonces, lo que vemos es que las grandes obras salvíficas de Dios, ya sea en el Antiguo o en el Nuevo Testamento, manifiestan la identidad del verdadero Dios viviente como la incomparable fuente de salvación. La salvación es la obra de este Dios, que se ha revelado como Yahvé en el Antiguo Testamento y que se encarnó como Jesús de Nazaret en los evangelios. No hay nadie más.

Esta es la razón por la que la Biblia le da tanta importancia al hecho de *conocer a Dios*. No se trata de un simple asunto de saber que algún dios existe, esto es, de creer en términos generales en Dios. Tampoco es solo cosa de conocer verdades o descripciones acerca de Él, incluso si son bíblicamente correctas. Más bien, es un asunto de saber quién es Dios o quién es verdaderamente. El verdadero Dios ha demostrado su identidad de una manera suprema por medio de su poder salvador. Los israelitas debían conocer a Yahvé porque solamente Él los había salvado.

> Pero yo soy el Señor tu Dios
>> desde que estabas en Egipto.
> No conocerás a otro Dios fuera de mí,
>> ni a otro Salvador que no sea yo.
>
> *(Os 13.4)*

De la misma manera, ahora llegamos a tener este conocimiento salvífico de Dios por medio de Jesús.

> Y esta es la vida eterna: que te conozcan a ti, el único Dios verdadero, y a Jesucristo, a quien tú has enviado.
>
> *(Jn 17.3)*

La salvación bíblica se produce por el encuentro con el Dios bíblico. Tuve la oportunidad de vivir y trabajar como docente en la India por varios años. En una ocasión me encontraba impartiendo un seminario para profesionales cristianos en Andhra Pradesh durante un fin de semana sobre uno de mis temas favoritos: la enseñanza moral del Antiguo Testamento y cómo se lleva a la práctica en la vida cristiana hoy. Luego de la primera sesión, se me acercó un hombre de ojos resplandecientes para charlar conmigo. «Me siento muy contento de que nos esté enseñando sobre el Antiguo Testamento porque yo me convertí en cristiano por medio de él», me dijo. Como maestro de Antiguo Testamento uno no escucha muy a menudo una historia semejante, así que le pedí que me la contara.

En aquellos tiempos él trabajaba como profesor de Ingeniería en una universidad local, pero había crecido entre los despreciados *dalit* (la casta más baja de todas) en su aldea, y toda su familia había sufrido tremendamente toda clase de acoso, violencia e injusticia a manos de las castas superiores hindúes, lo cual desarrolló en él un gran sentimiento de venganza. Por este motivo, logró superarse en el colegio para luego asistir a la universidad con el fin de alcanzar algún puesto de trabajo que le diera influencia y poder para así vengarse de sus enemigos. Ese fue su plan, me confesó.

El día en que llegó a la universidad encontró una Biblia sobre su cama en la habitación para estudiantes. Estaba escrita en telugu (el idioma de su región) y había sido colocada allí por estudiantes cristianos de la Unión de Estudiantes Evangélicos de la India. Jamás había leído antes una Biblia, aunque sabía que era el libro sagrado de los cristianos. La abrió en una página al azar y empezó a leer la historia de Nabot y Acab en 1 Reyes 21. Se quedó estupefacto, pues la historia tenía varios elementos que le eran muy familiares.

Esa era mi historia, me dijo. Su familia también había sufrido el robo de sus tierras, acusaciones falsas, asesinatos y la crueldad de los poderosos contra la gente humilde.

Siguió leyendo y se sorprendió más aún cuando encontró la historia de un hombre llamado Elías, quien, en nombre de un Dios llamado Yahvé (o cual fuere la traducción del nombre de Dios en el Antiguo Testamento en lengua telugu) denunció al rey Acab y le dijo que sería juzgado y castigado por este Dios. Fue asombroso, me dijo. Tenía frente a él a un dios que se ponía de lado de los que sufrían y que *condenaba al gobierno* y a los poderosos por causa de sus obras perversas.

«Jamás me imaginé que aquel dios existía», fueron literalmente sus palabras, las cuales no he olvidado.

En el hinduismo él tenía a su disposición una gran cantidad de dioses. Sabía los nombres de muchos de ellos, pero jamás había oído de aquel dios de aquella Biblia. Tenía delante de él a un dios muy distinto de todos los demás dioses de su religión.

Así que decidió empezar a leer la Biblia desde el principio, desde el Génesis. No dejaba de sorprenderse. «¡A este dios no se le escapa ningún detalle!», se decía mientras leía Éxodo, Levítico y Deuteronomio. Le impresionó el carácter del Dios de Israel, que se preocupaba por los pobres y los necesitados, que se apasionaba por la justicia y otros asuntos más. Era exactamente la clase de dios que había estado buscando debido a su búsqueda de justicia.

Cuando llegó a Isaías y empezó a leer acerca del amor de Dios (por ejemplo, en Is 43), no le gustó lo que encontró, me dijo, porque quería un dios que le permitiese vengarse de sus opresores, ¡no que los amase! Sin embargo, en el momento preciso, los estudiantes cristianos lo visitaron y, como a Felipe en Hechos 8, le mostraron a Jesús a partir del texto de Isaías y finalmente lo condujeron a la fe y la conversión.

Lo que más me llamó la atención del testimonio de este hombre fue que precisamente la *historia* del Antiguo Testamento le había revelado la *identidad* del Dios de la Biblia. Además, descubrió grandes sorpresas y sintió un gran consuelo en algunos aspectos de la identidad y el carácter del Dios del Antiguo Testamento, contrariamente a lo que sienten algunos cristianos para quienes esas características son alarmantes. Pero básicamente el hombre encontró la salvación no porque se hubiera encontrado con «un dios» (ya tenía suficientes dioses), sino debido a que descubrió, por medio de su encuentro con el texto de la Biblia, la auténtica identidad del verdadero Dios viviente.

«Yahvé es salvación»

Lo que hemos visto hasta estos momentos es que la salvación define el carácter particular y único de este Dios, que se ha revelado como Yahvé y que se ha dado a conocer por medio de Jesús. Pero la Biblia ofrece más detalles y define la precisa identidad de Dios en términos de la salvación. Una de las actividades y características más sobresalientes de este Dios bíblico es que salva. Se trata de una característica tan peculiar de Él que a veces los escritores del Antiguo Testamento afirman sencillamente que «Yahvé es salvación».

Una de las primeras celebraciones poéticas de la salvación que aparece en la Biblia se encuentra inmediatamente después del cruce del mar en el Éxodo. Moisés canta:

> El Señor es mi fuerza y mi cántico;
> > él es mi salvación.
> Él es mi Dios, y lo alabaré;
> > es el Dios de mi padre, y lo enalteceré.
>
> *(Éx 15.2)*

Entre las metáforas más antiguas para Yahvé en la antigua poesía hebrea se encuentra la que lo describe como «la Roca de la salvación de Israel» (ver Dt 32.15). Se lo describe como el Dios salvador de Israel desde el principio de su historia.

En los salmos, Yahvé es por sobre todo el Dios que salva. Esa es su identidad, pues eso es lo que hace de manera constante, frecuente, y de una insuperable forma. La raíz hebrea *yasa* (salvar) aparece 136 veces en los salmos, lo cual representa el 40 % del uso de esta palabra en todo el Antiguo Testamento. Yahvé es:

- el Dios de mi salvación o Dios mi Salvador (Sal 18.46; 25.5; 51.14, etc.),
- la fuerza de mi salvación (Sal 18.2),
- la roca de mi salvación (Sal 89.26; 95.1),
- mi salvación y mi gloria (Sal 62.6–7),
- mi Salvador y mi Dios (Sal 42.5).

Pero Yahvé no es tan solo «*mi* Salvador» ni tampoco solo el salvador de los *seres humanos*, porque este Dios salva «a hombres y animales» (Sal 36.6). Los cultos y las enseñanzas de Israel vinculaban constantemente a Yahvé con la salvación. Por ello, no es ninguna sorpresa que cuando necesitaban reavivar su fe en su gran Dios durante tiempos de decaimiento en el exilio, los israelitas se presentaban ante Él con estas palabras leídas en Isaías, que les traían a la memoria tantos salmos y los recordaban este gran legado de sus cultos:

> Yo soy el Señor, tu Dios,
>   el Santo de Israel, tu Salvador.
>
> *(Is 43.3)*

Cuando pasamos al Nuevo Testamento, hallamos de inmediato al ángel que instruye a José para que le ponga el nombre Yejoshua (Josué, Yeshúa o, según su forma griega, Jesús) al hijo de María, «porque él salvará a su pueblo de sus pecados» (Mt 1.21). Ese nombre en sí significa 'Yahvé es salvación', y por él será conocido Dios en todos los rincones del mundo por aquellos que aman, rinden honor y adoración y proclaman el nombre de Jesús. Ahora que millones de creyentes se inclinan ante Él, al mismo tiempo declaran que Dios es el Dios de la Biblia y que salva.

Lucas nos ofrece la maravillosa imagen del anciano Simeón que se encuentra con el niño Jesús cara a cara. Se le había dicho que no moriría hasta ver «al Cristo del Señor», y un día pudo sostenerlo en sus brazos. Es muy probable que en ese momento les haya preguntado a José y María cuál era el nombre del niño. Cuando se lo dijeron irrumpió en alabanzas y agradeció a Dios porque habían visto sus ojos su salvación, su *Yejoshua* (Lc 2.30). ¡La salvación de Dios se acurrucaba en sus brazos! La identidad de Dios, su misión y su obra se fusionaban en aquel nombre.

Asimismo, Pablo, que era un judío que se había regocijado toda su vida porque Dios era el salvador de Israel, relaciona una y otra vez aquella gran columna de su fe con el nombre y la obra de Jesús. La más sorprendente concentración de términos relacionados con la salvación se encuentra en la breve epístola a Tito. Allí, en un espacio de tres breves capítulos, Pablo menciona siete veces las frases «Dios nuestro Salvador» o «Cristo nuestro Salvador».

El Dios que se ha revelado como Yahvé en el Antiguo Testamento y en Jesús de Nazaret en el Nuevo es, sobre todo, el Dios que salva. De ello se trata la marca característica de su singularidad y la huella definitiva de su identidad.

Otros dioses son incapaces de salvar

Con un marcado contraste y de modo muy común, otros dioses se diferencian de Yahvé por el hecho de que no pueden salvar. Vimos anteriormente que solo Él puede hacerlo, al contrario que todos los demás que ofrecen lo mismo, incluyendo a seres humanos como los reyes o sus ejércitos. El contraste entre Yahvé y el resto de dioses es particularmente claro: estos sencillamente carecen de poder respecto a esta función clave de toda deidad. Los dioses falsos son muy fáciles de identificar por su demostrada incapacidad de salvar como lo hace el Dios viviente por su poder tangible para llevarlo a cabo. De ello se trata el contraste fundamental entre los dioses falsos y el único Dios verdadero. El Dios de Israel puede salvar —y de hecho lo hace— a aquellos que lo invocan. Todos los demás dioses son incapaces de hacerlo.

Aquellos supuestos dioses ni siquiera pueden salvarse a sí mismos. Los primeros encuentros entre Yahvé y Baal en el libro de los Jueces presentan contrastes brutales que a veces contienen algo de humor. Por ejemplo, en Jueces 6 se muestra la manera en que Gedeón derribó el altar de Baal en su ciudad (de noche por temor de represalias contra su familia). Cuando descubren lo que Gedeón hizo, la multitud se presenta para llevárselo, pero su padre (Joás) se interpone para protegerlo y, de una forma sarcástica, le replica lo siguiente a la multitud:

> Pero Joás le respondió a todos los que lo amenazaban:
> —¿Acaso van ustedes a defender a Baal? ¿Creen que lo van a *salvar*? ¡Cualquiera que defienda a Baal, que muera antes del amanecer! Si de veras Baal es un dios, debe poder defenderse de quien destruya su altar.
>
> *(Jue 6.31, las cursivas son mías)*

Ofrezco una paráfrasis de la cita anterior para comprender mejor el sarcasmo. Si de veras Baal es un *dios*, ¿no debería ser capaz de defender su propio altar? ¿O es que es tan débil que necesita la ayuda de una turba para que lo «salve»? ¿Qué clase de dios necesita que lo salven los seres humanos cuando todo el propósito de ser un dios es tener la capacidad de salvar a los que le rinden culto (pensaríamos que es algo obvio)? ¿Será que no estamos entendiendo el asunto, compatriotas?

Un sarcasmo y desdén parecidos es el que se dirige a los grandes dioses imperiales de Babilonia durante un periodo más tardío de la historia de Israel:

> Bel se inclina, Nebo se somete;
> sus ídolos son llevados por bestias de carga.

> Pesadas son las imágenes que por todas partes llevan;
>> son una carga para el agotado.
> Todos a la vez se someten y se inclinan;
>> no pudieron rescatar la carga,
>> y ellos mismos van al cautiverio.
>
> *(Is 46.1–2)*

El profeta predice que Babilonia será atacada y que su gente huirá para protegerse. Se presenta una caricatura de Bel y Nebo, dioses de Babilonia, que se inclinan desde su morada celestial para ver que sus ídolos son llevados por sus adoradores, quienes sufren por el peso porque al mismo tiempo tratan de huir de su destruida ciudad. Ciertamente, deben cargar a sus dioses en carretas de bueyes. ¿Qué clase de dios es aquel que no puede salvar ni siquiera a su propio ídolo, menos aún a los que le rinden culto? ¿Qué extraño cambio de circunstancias ha sucedido ahora que los adoradores han descubierto que su dios es en realidad una carga *que deben llevar,* en vez de un fuerte campeón que los *rescate* en este momento de necesidad (tal como el Dios de Israel hizo desde los albores de su historia, ver Is 46.3–4)? Ocurre que la propia naturaleza de un falso dios es tal que «por más que clamen a él, no habrá de responderles, *ni podrá salvarlos* de sus aflicciones» (Is 46.7). Una de las características de los dioses falsos es que no pueden salvar.

Esto es tan cierto tanto en el nivel individual y doméstico como en el gran nivel imperial de la política. El equivocado adorador de un ídolo parece no poder ver el engaño y la incapacidad del dios que ha creado para sí mismo como resultado de haber tomado un poco de madera para calentarse y cocinar. Lo invoca para que lo salve, pero aquello es algo que jamás podrá cumplir (Is 44.9–20).

> La mitad de la madera la quema en el fuego,
>> sobre esa mitad prepara su comida;
>> asa la carne y se sacia.
> También se calienta y dice:
>> «¡Ah! Ya voy entrando en calor,
>> mientras contemplo las llamas».
> Con el resto hace un dios, su ídolo;
>> se postra ante él y lo adora.

> Y suplicante le dice:
>> «*Sálvame*, pues tú eres mi dios» […]
> Se alimentan de cenizas,
>> se dejan engañar por su iluso corazón,
> no pueden *salvarse* a sí mismos, ni decir:
>> «¡Lo que tengo en mi diestra es una mentira!»
>> *(Is 44.16–17, 20, las cursivas son mías)*

De manera similar, Jeremías se burlaba de aquellos que habían abandonado al Dios viviente y ahora seguían a toda clase de idolatrías. Pero entonces, cuando descubren que todos sus dioses les han fallado y que son incapaces de salvarlos cuando lo necesitan, vuelven a invocar a Dios, pero esta vez reciben una respuesta muy dura:

> A un trozo de madera le dicen:
>> «Tú eres mi padre»,
> y a una piedra le repiten:
>> «Tú me has dado a luz».
> Me han vuelto la espalda;
>> no quieren darme la cara.
> Pero les llega la desgracia y me dicen:
>> «¡Levántate y sálvanos!»
> ¿Dónde están, Judá, los dioses que te fabricaste?
>> ¡Tienes tantos dioses como ciudades!
> ¡Diles que se levanten!
>> ¡A ver si te salvan cuando caigas en desgracia!
>> *(Jer 2.27–28)*

Los dioses falsos jamás dejan de fracasar. El problema es que nunca recordamos esta lección. Insistimos en buscar la salvación en salvadores que son cualquier cosa menos el Dios viviente y salvador. Si bien es cierto que como cristianos le damos uso al lenguaje de salvación según nuestra propia jerga «religiosa», la gente del mundo secular también lo hace, unas veces de una manera frívola y otras en un sentido más serio.

- Durante la Copa Mundial de Fútbol del año 2002, se colocaron carteles en algunos negocios de Londres con la imagen de David

Beckham, con sus brazos extendidos y de trasfondo la cruz roja de San Jorge, la bandera de Inglaterra. Debajo de esta imagen, con alusiones obvias y blasfemas respecto a la crucifixión, aparecía la leyenda: «Beckham, nuestro salvador».

- La revista *Time*, del 4 de marzo de 2002, mostraba en su portada la imagen de Bono, cantante de *rock* del grupo U2, cuyo encabezado decía: «¿Podrá Bono salvar al mundo?». Ello se refería a su muy conocida misión pública de compasión y justicia para los pobres. Bono aprovecha su fama para lograr tremendos objetivos muy positivos en pro de la justicia internacional, pero difícilmente sus actos equivalen a «salvar el mundo».

- Un caso más cínico es el de la prensa británica, que una vez se burló de la rápida gira que hiciera el primer ministro Tony Blair por varios países de África, la cual fue descrita como su misión para «salvar a África» y que incluía la obvia propuesta de que incluso él habría sido incapaz de lograr esta meta en tan solo unos pocos días y en unas pocas capitales africanas.

Así que el lenguaje de salvación y de salvadores sigue siendo usado en la actualidad; pero estas formas de salvación, ya sean humanas o por medio de ídolos, jamás podrán cumplir con lo que prometen, incluso si es bueno en sí mismo. La salvación pertenece a nuestro Dios. Todas las demás procedencias o promesas son, en última instancia, falsas, deficientes y decepcionantes.

Para reflexionar y debatir

1. La salvación pertenece a nuestro Dios; es su propiedad. ¿De qué manera se relaciona esto con algunas formas populares de llevar a cabo la misión y el evangelismo en las que el evangelio se somete a la «mercadotecnia» como si la salvación fuese un producto que se debe «vender» a los demás? ¿Cuáles son los resultados de llevar a cabo esta técnica que se centra en el esfuerzo humano?

2. Hemos enfatizado la importancia de conocer la verdadera identidad y el carácter del Dios bíblico. ¿Qué aspectos de Él que hemos visto en la Biblia resaltan con mayor contraste con la cultura que te rodea en tu contexto local?

3. «Los dioses falsos jamás cesan de fracasar». ¿Cuáles son los dioses falsos de tu contexto y cuál es la prueba de su popularidad? ¿De qué maneras la gente busca «salvación» en ellos? ¿Y de qué formas fracasan estos dioses?

Capítulo 3

La salvación y la bendición de Dios por medio del pacto

«La salvación viene de *nuestro* Dios». En el capítulo 2 exploramos el significado de las dos últimas palabras en relación con la identidad de Dios, pues, antes de hablar de cualquier clase de salvación, debemos saber quién es este muy peculiar Dios a quien le pertenece la salvación: a Él lo conocemos por medio de su revelación en la Biblia; lleva por nombre Yahvé en el Antiguo Testamento y se encarnó en Jesús de Nazaret.

Pero, para la gente de la Biblia, la expresión «nuestro Dios» tenía más significado que lo que acabo de mencionar, pues formaba parte fundamental de la fe de Israel como parte del pacto del Antiguo Testamento. Así que, como hicimos en el capítulo 2 sobre el aspecto *teocéntrico*, aquí analizaremos el aspecto del *pacto* respecto a la salvación bíblica. Dios llamó al pueblo de Israel para que entablase una relación con Él. Por un lado, fue una relación que incluía lo que Dios había hecho (elegirlo, llamarlo y redimirlo, y luego protegerlo y suplir sus necesidades), y por otro, lo que Israel debía replicar (amar y adorar solamente a Yahvé y obedecerlo plenamente). De este modo, de manera recíproca, Yahvé sería conocido como el Dios de Israel, e Israel sería conocido como el pueblo de Yahvé. De ello se trataba el pacto del Antiguo Testamento.

La frase *Yahvé elohenu*, «el Señor *nuestro Dios*», es la manera más común de resumir la fe de Israel bajo el pacto del Antiguo Testamento.

> Hoy has declarado que el Señor es tu Dios […]. Por su parte, hoy mismo el Señor ha declarado que tú eres su pueblo […].
>
> *(Dt 26.17-18)*

La definición más clara del credo de Israel es la *shema*:

> Escucha, Israel: El Señor nuestro Dios es el único Señor.
> Ama al Señor tu Dios con todo tu corazón y con toda tu
> alma y con todas tus fuerzas.
>
> *(Dt 6.4–5)*

De este modo, cuando Apocalipsis nos dice que la gran multitud cantaba «¡La salvación viene de *nuestro Dios*!» se trata de un claro eco de este lenguaje del pacto. Entonces, la salvación pertenece al Dios del pacto; no solo a este *Dios*, sino al Dios de *este pueblo* y su historia. La salvación bíblica debe entenderse en el contexto de la relación que Dios tiene, bajo el pacto, con su pueblo, tanto en el Antiguo como en el Nuevo Testamento. La salvación en la Biblia no es algo que simplemente cayó del cielo como un beneficio atemporal. Más bien, se arraiga en la historia de la Biblia; en particular, en la historia de la relación según el pacto entre Dios y su pueblo, cuyo origen se dio en el Antiguo Testamento.

Estudiaremos más a fondo este aspecto del pacto respecto a la salvación bíblica en este capítulo y en el cuarto. Aquí, en el capítulo 3, reflexionaremos en torno a la *bendición* que ofrece esta parte integral de la salvación bajo el pacto: ¿qué es exactamente lo que la Biblia quiere dar a entender cuando se refiere a las bendiciones de la salvación? Asimismo, en el capítulo 4 reflexionaremos acerca de la *historia* que transcurre a lo largo de la Biblia; es decir, la historia del pacto de Dios, porque en ella veremos que la salvación se describe en términos del pasado, el presente y el futuro. Estas tres dimensiones de ella son fundamentales para llegar a comprender plenamente lo que significa la salvación bíblica.

La bendición de Abraham

Abraham en su contexto

Entonces, empecemos con la bendición, lo cual nos conduce de regreso a Abraham. En el sentido estricto de la palabra, nos lleva aún más hacia el pasado. La bendición venía «incorporada» a la propia creación, claro está (tal como veremos a continuación), pero recibió una mortal amenaza de parte del pecado y la rebelión del ser humano. Sin embargo, incluso en el contexto de la caída y el juicio de Dios contra la humanidad, Él prometió que la simiente de la mujer aplastaría la cabeza de la serpiente (Gn 3.15). En otras palabras, uno de los descendientes de Adán y Eva lograría finalmente la victoria sobre Satanás.

Esta promesa de Génesis 3.15 se denomina a menudo el «protoevangelio», es decir, el primer anuncio de las buenas nuevas, el cual se desarrollará más adelante en todo el evangelio bíblico y llegará a ser cumplido por Jesucristo. Este versículo ofrece la esperanza de que la bendición de Dios no fue completamente destruida por la caída. El juicio de Dios contra la humanidad no fue una decisión final, pues habría esperanza y victoria en el futuro. Con el llamado de Abraham y la promesa que Dios le hizo, empezamos a ver el inicio del cumplimiento de esta promesa inicial que aparece en Génesis 3.15. Esta será la vía por la que la bendición redentora de Dios llegará a las naciones.

El pacto de Dios con Abraham se registra en Génesis 12.1–3, pero es extremadamente importante que se lo lea en el contexto de Génesis 3–11. El pecado y la rebelión del ser humano habían empeorado desde su primera aparición en el capítulo 3, en la forma de violencia familiar y corrupción social, situación que llegó a su clímax en aquel intento fallido de lograr la autosalvación en la torre de Babel (Gn 11). El mundo se había vuelto un lugar donde la raza humana vivía dividida y en conflicto sobre una tierra que sufría estragos por la maldición de Dios. ¿Qué podría hacer Él respecto al problema que presentaban las naciones de la tierra que vivían en estas condiciones? La respuesta histórica, que concuerda con la promesa de Génesis 3.15, empieza en Génesis 12 y continúa hasta terminar en Apocalipsis 22.

El resto de la Biblia contiene la respuesta de Dios al quebrantamiento del mundo producto del pecado humano. Podríamos imaginarnos a la Biblia entera de esta forma: *Génesis 1–11 presenta la pregunta que responderán Génesis 12 y Apocalipsis 22.* Se trata de la historia del triunfo de la bendición sobre la maldición.

Dios empezó un pacto redentor de bendición, un plan de salvación que conduciría a Cristo y que finalmente se cumpliría en la humanidad redimida proveniente de todas las naciones de la tierra, sobre las que leemos en Apocalipsis 7. Dios eligió y llamó a Abraham y Sara y les ofreció una sorprendente promesa en la cual la palabra clave es *bendición*.

> El Señor le dijo a Abram: «Deja tu tierra, tus parientes y la
> casa de tu padre, y vete a la tierra que te mostraré.
>> Haré de ti una nación grande,
>>> y te bendeciré;
>> haré famoso tu nombre,
>>> y serás una bendición.
>> Bendeciré a los que te bendigan
>>> y maldeciré a los que te maldigan;
>> ¡por medio de ti serán bendecidas
>>> todas las familias de la tierra!»
>
> *(Gn 12.1–3)*

Entonces, la nación que saldría de Abraham sería un pueblo que conocería la bendición salvífica de Dios. Su salvación irrumpió en la historia humana por medio de un pueblo. Todo empezó con un hombre que luego se convertiría en una gran familia al final de Génesis y después en una nación entera al empezar el Éxodo: la nación israelita del Antiguo Testamento. Esta nación experimentaría la salvación y la bendición de Dios. En respuesta a Él, lo que harían (y lo que no harían) es otro asunto; pero, sin lugar a dudas, ello fue una experiencia única para la que Dios los había llamado.

Por el bien de todos se eligió solo a uno

Sin embargo, el pacto de Abraham ofrece la promesa adicional de ser una bendición *para todas las naciones*. Ciertamente, de esto se trata en resumidas cuentas la culminación del pacto de Abraham, textual y teológicamente: «¡Por medio de ti serán bendecidas todas las familias/naciones de la tierra!». Este panorama universal, que es intrínseco al pacto de Abraham, juega un papel clave para que podamos entender el concepto bíblico de la salvación, así como para comprender a cabalidad todo el evangelio y la misión cristiana. El hombre (Abraham) que luego se tornaría en una familia y después en la nación de Israel (me refiero al Israel veterotestamentario), llegaría finalmente, por medio de Cristo, a ser el padre de todas las naciones (en el sentido espiritual), en una comunidad multinacional que ahora, efectivamente, abarca toda la tierra.

El singular pacto entre el Israel veterotestamentario y su Dios salvador se dio precisamente para el bien de *otras* naciones que aún no lo conocían. De este modo, su elección y salvación tuvo como propósito final ser una bendición para todos los pueblos. Sería una bendición *para* un pueblo en particular (Israel) y, por medio de este, para todas las naciones. Dios eligió bendecir a *este* pueblo con el fin de bendecir a *todos* los pueblos. Tenemos la obligación de sostener esta doble afirmación, el aspecto particular y el universal, porque la Biblia enseña claramente ambos.

La promesa de salvación a Israel (en términos del Antiguo Testamento) jamás pretendió ser un beneficio exclusivo y excluyente, sino que fue parte de un proceso histórico por el que Dios tuvo siempre la intención de otorgar la salvación a todas las naciones. Nunca debemos permitir que el énfasis del Antiguo Testamento en el aspecto único y distinto de Israel como pueblo santo y elegido por Dios se convierta en un asunto de privilegio exclusivo, como si hubiese sido el favorito de Dios o el único por el que se preocupó. Todo lo contrario, Dios eligió a los israelitas del Antiguo Testamento; pero los escogió como cuando uno elige un instrumento para una tarea importante, es decir, con el fin de que fuesen el medio histórico para sus propósitos salvíficos, por medio de Cristo, para todas las naciones. Dista mucho que hayan sido los favoritos de Dios; más bien, fueron los que más recibieron su disciplina y juicio (como lo muestran con toda claridad Amós 3.2 y otros profetas).

Un mundo lleno de naciones

Podemos lograr un mayor entendimiento de este punto si repasamos el contexto de Génesis 12. No solo se relaciona con la historia de la torre de Babel en Génesis 11, sino también con el enlistado de las naciones en Génesis 10. Luego del diluvio (Gn 6–9), Dios renovó el mandato a la raza humana de que fuese fructífera, se multiplicase y llenase la tierra. El capítulo 10 muestra la expansión de las naciones por toda la faz de la tierra en obediencia al mandato de Dios, y el 11 narra el intento de interrumpir aquel proceso, que llevó a las personas a detenerse en un lugar y construir una torre con el fin de obtener seguridad y hacerse «famosas». Dios desarmó aquel experimento arrogante y totalitario, y la expansión de las naciones prosiguió su rumbo, pero bajo condiciones de confusión y disensión.

Sin embargo, la diversidad étnica del capítulo 10 aparece como algo bueno en sí mismo. Dios *desea* que la humanidad disfrute su diversidad étnica, cultural y lingüística. Estos elementos son no solo parte de la creación (ver Hch 17.26); también continuarán siendo parte de la humanidad redimida en la nueva creación (ver Ap 5.9; 21.24; 22.2). Así que el propósito universal por el que Dios llamó a Abraham en Génesis 12.3 es en sí mismo un reflejo del propósito universal que ya aparece en Génesis 10. El llamado al Israel veterotestamentario inherente en Génesis 12 es para el beneficio de las naciones, lo que ya se ve en Génesis 10.

Se podría explicar de esta manera: Génesis 10 y 11 muestran el *hecho* de un mundo lleno de naciones (Gn 10) y el *problema* de ellas (Gn 11); Génesis 12 presenta el inicio de la *redención* de las naciones. Dios opera en un nivel global. El mundo global de Génesis 10 volverá a aparecer, amplificado casi a niveles irreconocibles, en el mundo global del Apocalipsis. El mundo particular del Israel veterotestamentario, si bien domina la historia que prosigue hasta la venida de Cristo, es tan solo un instrumento que va colocando hitos a lo largo del camino en aquella gran narrativa universal.

Por ello, sea de la nación o tribu o pueblo o lenguaje al que pertenezcas, como lector de esta Biblioteca Cristiana Global, hasta aquí has sido incluido implícitamente en *ambos* lados de la historia: en la *perspectiva global de la creación* de Génesis 10 (todas las naciones que cubren la faz de la tierra) y en el *alcance global de la redención* de Génesis 12.3 («todas las naciones» a las que Dios prometió bendecir). Y si perteneces a Cristo, entonces estarás con aquellos que, gracias al cumplimiento de la promesa que Dios le hizo a Abraham, se reunirán como una humanidad redimida a partir de todas las naciones y alabarán a Dios en la nueva creación según lo que nos dice Apocalipsis. Todas estas son grandes y reconfortantes verdades bíblicas. Esta maravillosa doctrina bíblica debería causar alegría en nuestros corazones y producir júbilo y alabanzas.

No debería causarle sorpresa al lector cristiano que hayamos estado hablando de la *salvación* y la *bendición* juntas. Nos referimos con bastante facilidad a «la bendición de nuestra salvación». Nos acordamos rápidamente las primeras palabras de la carta de Pablo a los efesios, en la que, en el capítulo 1, nos presenta su suprema descripción de la obra salvífica de Dios:

> Alabado sea Dios, Padre de nuestro Señor Jesucristo, que nos ha bendecido en las regiones celestiales con toda bendición espiritual en Cristo.
>
> *(Ef 1.3)*

Pero, por ello, necesitamos resistirnos a la tendencia a pensar que solo las «bendiciones espirituales» cuentan como bendiciones «verdaderas» o que la salvación es exclusivamente un asunto de las bendiciones espirituales. Sabemos, por supuesto, a partir de toda la Biblia, que hay dimensiones de la salvación que solo se pueden describir en términos espirituales; por ejemplo, el perdón de Dios, nacer de nuevo, ser justificados por la gracia mediante la fe, ser la morada de Cristo por medio de su Espíritu, etc. Sin embargo, es importante que permitamos que *toda* la Biblia dé forma a *toda* nuestra teología. Y en este caso, dado que buscamos entender la salvación a partir de toda la Biblia, tenemos la obligación de incluir todo lo que tenga que decir acerca de la bendición de Dios.

Entonces, ampliemos nuestro entendimiento en torno a varios aspectos claves de la bendición que encontramos en el Antiguo Testamento, la cual no ha desaparecido o ha sido «anulada» en el Nuevo. Más bien, estos aspectos de la bendición en el Antiguo Testamento han empezado y han sido incluidos con la bendición total de la salvación que nos pertenece en Cristo. Ello significa que debemos volver a Génesis, por lo que retornamos a nuestro versículo clave de este capítulo: Génesis 12.1–3.[1]

Es imposible que nos equivoquemos respecto a cuál es el tema central de Génesis 12.1–3. Las palabras «bendecir» y «bendición» resaltan como dos brillantes joyas. La raíz hebrea *brk*, como verbo o sustantivo, aparece cinco veces en estos tres versículos. Dios declara:

- que *bendecirá* a Abraham,
- que Abraham será una *bendición*,
- que Dios *bendecirá* a los que *bendigan* a Abraham,

---

[1] El resto de este capítulo proviene (con ciertas modificaciones y abreviaciones) de Christopher J. H. Wright, *La misión de Dios: Descubriendo el gran mensaje de la Biblia* (Buenos Aires: Certeza Unida, 2009), cap. 6.

- que por medio de Abraham serán *bendecidas* todas las familias de la tierra.[2]

El Dios cuya bendición cubrió desde un inicio su creación está ahora presto para volver a bendecir con una reiterada intensidad y sorprendente extensión. ¿Pero qué significan realmente estas palabras? ¿Cuál sería la interpretación que todo atento lector de las Escrituras le daría a la palabra «bendición»?

Para poder responder estas preguntas de una manera adecuada, debemos empezar en el contexto inmediato de nuestro pasaje, el libro del Génesis, y luego proseguir con el fin de descubrir su peso e importancia a lo largo de toda la Biblia. Así que es necesario comenzar por el principio y percatarnos de la manera en que los primeros capítulos de las Escrituras abundan en terminología en torno a la bendición.

La bendición tiene un aspecto creacional y relacional

Creacional

Las primeras criaturas a las que Dios bendijo fueron los peces y las aves. Vemos que en la majestuosa descripción de la creación en Génesis 1, Él pronuncia su bendición tres veces: en el quinto día bendijo a las criaturas del mar y del cielo; en el sexto, a los seres humanos; y, finalmente, en el séptimo, al *sabbat* o día de reposo. Inmediatamente después de las primeras dos bendiciones, surge el mandato de multiplicarse y llenar los mares y la tierra. Luego de la tercera, aparecen palabras de santificación y descanso que definen el *sabbat* o día de reposo. Por lo tanto, en este relato de la creación, que es fundamental desde el inicio de la Biblia, la palabra *bendición* equivale, por un lado, a fructificación, abundancia y plenitud y, por otro, a disfrutar del descanso con la creación bajo una relación santa y armoniosa con Dios el Creador. La bendición ha tenido un buen comienzo.

La siguiente ocasión en la que escuchamos sobre la bendición de Dios es cuando un nuevo mundo vuelve a empezar luego del diluvio.

---

[2] Más adelante examinaremos el debate en torno al significado de este verbo.

Aquí la terminología es casi la misma que en el primer relato de la creación (Gn 9): Dios bendice a Noé y a su familia y les manda que sean fructíferos, se multipliquen y llenen la tierra. Al mismo tiempo, establece una relación con ellos, la cual incluye el respeto y la protección de la vida, ya sea la de los seres humanos o la de los animales. Estas bendiciones y mandatos se resuelven durante la expansión de las naciones en el capítulo 10.

Así que, cuando llegamos a 12.1–3, la idea de bendición debe incluir, según el contexto que hemos visto hasta el momento, la noción de fructificación, multiplicación, expansión, llenura y abundancia. Al seguir leyendo Génesis, vemos que predomina el contenido creacional en torno a la idea de bendición. De hecho, la raíz *brk*, ya sea como verbo o sustantivo, aparece 88 veces en Génesis, lo cual equivale a una quinta parte del total de casos en el Antiguo Testamento. Cuando Dios bendice a alguien, por lo general incluye el aumento de la progenie, de los rebaños, de las riquezas o de todos estos tres. La bendición de Dios significa tener la oportunidad de disfrutar con abundancia las buenas dádivas de su creación.

> La bendición de Dios se manifiesta de la manera más obvia en la prosperidad del ser humano y su bienestar; una larga vida, riquezas, paz, buenas cosechas e hijos son los asuntos que aparecen con mayor frecuencia en las listas de bendiciones como en 24.35–36; Lv 26.4–13; Dt 28.3–15. Lo que el hombre moderno atribuye a la «suerte» o el «éxito», el Antiguo Testamento lo llama «bendición» porque insiste en que solo Dios es la fuente de toda buena fortuna. Ciertamente, la presencia de Dios entre su pueblo es la mayor de todas las bendiciones (Lv 26.11–12). Las bendiciones materiales son en sí mismas manifestaciones tangibles de la benevolencia divina. La bendición no solo conecta las narrativas patriarcales entre sí (ver 24.1; 26.3; 35.9; 39.5); también las une con la historia primigenia (ver 1.28; 5.2; 9.1). Las promesas de bendición a los patriarcas son, por tanto, una reafirmación de los propósitos originales de Dios para el ser humano.[3]

---

[3] Gordon J. Wenham, *Genesis 1–15*, Word Biblical Commentary (Dallas: Word Books, 1987), p. 275 (las cursivas son mías).

La bendición no es necesariamente prosperidad

La oración final es muy importante. La bendición constituye el propósito original de Dios para la vida humana en esta tierra. Todo lo bueno que nos ofrece la creación y todo lo bueno que implica disfrutarla son verdades fundamentales de la Biblia. Dios desea que los seres humanos que ha creado disfruten las bendiciones que son parte integral de su condición de seres creados, de todas las bendiciones que Él incorporó en la propia creación. Pero todo esto debe ser ubicado en un contexto adecuado y balanceado si queremos evitar caer en aquella perversión y distorsión que predica la teología de la prosperidad.

Una cosa es afirmar gustosamente que Dios tiene la capacidad —y de hecho la tiene— de bendecirnos de manera material, lo que nos permite vivir una vida plena y fructífera para nuestras familias y disfrutar todo lo bueno de la creación, y otra muy distinta es insistir en que tenemos el *derecho* de recibir todas estas cosas o considerar que, si no las recibimos en abundancia, se debe a que Dios no nos ha bendecido o nos falta fe.

Claro que es cierto que Él no desea que los seres humanos —sean cristianos o no— sufran miseria y pobreza. También es cierto que la gente que vive bajo esas circunstancias desea con justicia recibir alivio de aquel sufrimiento. Pero, desafortunadamente, la teología de la prosperidad suele ignorar cualquier preocupación bíblica por la justicia (y, por lo que he visto, rara vez o nunca sus predicadores participan en esfuerzos políticos o económicos en pro de la justicia o para dar solución a las causas de la pobreza). Más bien, esta enseñanza parece consentir en sumo grado nuestra tendencia de seres humanos caídos que desean vehementemente ser codiciosos y egoístas. No se trata simplemente de que la gente quiera justificablemente escapar de la pobreza, sino que se motiva a la gente a que desee todas las riquezas materiales que tenga a su alcance, y en el menor tiempo posible, por medio de algún «milagro». De esta manera, se los lleva a apoderarse de versículos bíblicos fuera de contexto que supuestamente prometen estos milagros en calidad de canje por la fe o por cuantiosas sumas de dinero en forma de donación al predicador. Esta enseñanza es una desfiguración de la bendición de Dios en relación con los bienes materiales, de la misma manera que la lujuria sexual lo es de su bendición en relación con nuestra sexualidad.

La manera adecuada de responder a esta clase de desfiguración es evitar negar lo bueno de la bendición y, al mismo tiempo, condenar su abuso.

Para seguir con la comparación, la Biblia enseña con claridad que la sexualidad humana fue una idea y creación de Dios destinada para nuestro propio bien y servir de bendición; sin embargo, también sabemos que, debido a que todos somos seres humanos caídos, la lujuria, el poder y la avaricia han corrompido nuestra naturaleza sexual. Muchos abusan de los demás y de sí mismos por medio de la promiscuidad y de todas las explotaciones sexuales que vemos a nuestro alrededor; pero debemos evitar cometer el mismo error frente a aquella corrupción y *abuso* del sexo al considerarlo *en sí mismo* como algo poluto y pecaminoso. El carácter complementario del sexo es parte de la buena creación de Dios, quien desea que lo disfrutemos a plenitud dentro del contexto adecuado que ha creado para ello, esto es, el matrimonio monógamo, heterosexual y no incestuoso (Gn 2.24). Esta manera adecuada de disfrutar el sexo forma parte de la bendición de Dios para su creación y debemos aceptarla con agradecimiento y gozo (tal como hizo Adán cuando recibió a Eva). Disfrutar del sexo como una bendición de la creación es algo correcto y bueno siempre y cuando suceda en el contexto para el que Dios lo ha creado. En cambio, la explotación del sexo con el fin de lograr una satisfacción promiscua es un error y un pecado.

Igualmente, sabemos que, por causa de nuestra naturaleza caída, el uso que le damos a los bienes materiales ha sido corrompido por la avaricia y el egoísmo, por el amor al dinero y todos los pecados de codicia, robo, explotación, injusticia y excesiva opulencia. Así, bajo el disfraz de una terminología religiosa y falsas citas bíblicas, la teología de la prosperidad nos tienta a precisamente estas tendencias en nosotros. Sin embargo, si yo pudiera hacerme rico de una manera muy rápida llevando a cabo alguna actividad religiosa y «confesando mi milagro», ¿por qué debería perder mi tiempo y energía esforzándome por lograrlo? o, incluso más difícil, ¿por qué debería trata de aliviar la pobreza de los demás? Pero la respuesta a estas falsas enseñanzas no es cometer el error opuesto de considerar el mundo material y sus bienes y placeres como algo malo y pecaminoso. El ascetismo (rechazar el gozo de todo lo físico o material) que se vive por razones equivocadas no es superior al celibato sexual que se lleva a cabo por motivos equivocados (la razón equivocada es rechazar algo que en sí mismo es bueno, pero que se considera malo, ver 1Ti 4.1–5).

El mundo físico es creación de Dios y Él quiere que lo disfrutemos porque es una bendición; desea que lo usemos y compartamos con esmero, justicia, compasión y generosidad. Claro que podría bendecir a los seres humanos de distintas maneras, incluyendo a aquellos que por muchas razones carecen de la plenitud de todo lo bueno que trae esta tierra. Pero no debemos despreciar o rechazar lo que la Biblia afirma muchas veces: las buenas dádivas de la creación forman parte de la bendición de Dios, la cual quiere que disfrutemos.

El aspecto relacional

Sin embargo, no hay nada mecánico respecto a esto. La bendición se da dentro de una relación, y aquel elemento *relacional* es tanto vertical como horizontal. Es decir, la bendición se da en el contexto de la relación con Dios y a veces debe ser compartida con otros seres humanos.

Por un lado, tenemos el aspecto *vertical*, esto es, el hecho de que aquellos que han sido bendecidos conocen al Dios que los ha bendecido y se esmeran por vivir una relación fiel con Él. Cuando observamos la fe y la práctica religiosa de las antiguas familias de Israel en Génesis, nos damos cuenta de que incluye un culto sincero, la edificación de altares, las oraciones, la confianza, la obediencia y (por lo menos en el caso de Abraham) una relación más íntima y personal con Dios. Incluso extranjeros como Abimelec sabían que era Yahvé el que bendecía a sus extraños vecinos (26.29). De hecho, los patriarcas, por lo general, no dudaban en testificar respecto al Dios que los había bendecido. Abiertamente atribuían a Yahvé las buenas dádivas que disfrutaban.

> La fe de ellos no era muda. Los patriarcas expresaron en palabras a los demás la realidad de Yahvé que habían experimentado en sus vidas: contaban que les había provisto de riquezas (30.30; 31.5–13; 33.10–11; cf. 24.35), que los había protegido y guiado (31.42; 50.20; cf. 24.40–49, 56); les había dado hijos (33.5) […] y que habían prometido obedecer sus normas morales (39.9).[4]

---

4   M. Daniel Carroll, «Blessing the Nations: Toward a Biblical Theology of Mission from Genesis», *Bulletin for Biblical Research* 10 (2000), 17–34, p. 29. Las referencias que aparecen son de Génesis.

Sin embargo, vivir en aquella relación con Dios no era nada fácil. En el caso de Abraham, el juramento de bendición que Él le promete sucede solamente después de una prueba inimaginable (Gn 22). Asimismo, aquel relato misterioso de Jacob que lucha con Dios termina con aquel pidiéndole que Él lo bendiga luego de una lucha cara a cara (32.26–29).

Pero, cualesquiera hayan sido las circunstancias, los patriarcas estaban muy conscientes de dónde provenía aquella bendición que los acompañó toda una vida. Sabían que sus bendiciones eran parte integral de su relación con Dios. Cuando el ciego y viejo Jacob bendice a los dos hijos de José, reconoce que la bendición que les está transfiriendo es la misma que le ha seguido toda la vida como si fuera un pastor que protege a una oveja perdida y vulnerable, la cual también marcó la vida de su padre y la de su abuelo cuando caminaron con Dios. Estas palabras hermosas muestran con claridad que Jacob sabía de dónde provenía su bendición:

> «Que el Dios en cuya presencia
>> caminaron mis padres, Abraham e Isaac,
> el Dios que me ha guiado
>> desde el día en que nací hasta hoy,
> el ángel que me ha rescatado de todo mal,
>> bendiga a estos jóvenes.
> Que por medio de ellos sea recordado mi nombre
>> y el de mis padres, Abraham e Isaac.
> Que crezcan y se multipliquen
>> sobre la tierra».
>
> *(Gn 48.15–16)*

Por otro lado, en su aspecto *horizontal*, el acto de bendecir alcanza a los que están alrededor. Génesis posee varios ejemplos en los que otras personas son bendecidas por haber tenido contacto con aquellos a quienes Dios había bendecido antes. Entonces, descubrimos que los herederos de la bendición de la familia de Abraham cumplen con el propósito de Dios en cuanto a que deben servir como bendición para los demás.

- Por medio de la bendición de Dios a Jacob, Labán recibe riquezas (30.27–30).

- Por medio de la presencia de José, Potifar recibe bendición (39.5).
- Jacob bendice a Faraón (47.7, 10).

La única excepción que destaca (a la que Hebreos dedica suma importancia teológica) es el momento cuando Melquisedec bendice al propio Abraham, en vez de suceder al revés (14.18–20; cf. Heb 7).

La más hermosa combinación de los aspectos creacional y relacional de la bendición se encuentra en la bendición de Jacob a José. Leamos con atención estas profundas palabras y observemos la manera en que agrupa estas tres dimensiones: primero, Dios, la fuente de toda bendición; segundo, la relación personal y el pacto por el que se disfruta de esta bendición (Él es «Dios de tu padre», «Roca de Israel», etc.); y tercero, la abundancia creacional que la bendición prevé.

> ¡Gracias al Dios fuerte de Jacob,
> > al Pastor y Roca de Israel!
> ¡Gracias al Dios de tu padre, que te ayuda!
> > ¡Gracias al Todopoderoso, que te bendice!
> ¡Con bendiciones de lo alto!
> > ¡Con bendiciones del abismo!
> > ¡Con bendiciones de los pechos y del seno materno!
> Son mejores las bendiciones de tu padre
> > que las de los montes de antaño,
> > que la abundancia de las colinas eternas.
> ¡Que descansen estas bendiciones
> > sobre la cabeza de José […]!
>
> *(Gn 49.24–26)*

La bendición es misional e histórica

Misional

«Deja tu tierra […] *y serás una bendición»*. Las palabras que dan inicio a las dos mitades del discurso que Dios dirige a Abraham en Génesis 12.1–3 son, de hecho, imperativos (si bien el segundo de ellos se traduce como resultado del primero («y serás»). Por ello, la fuerza de ambas palabras le asigna una misión a Abraham. Siempre y cuando

este obedezca a Dios, entonces Él cumplirá la promesa que le hizo, y no solo ello, sino que también cumplirá su misión *por medio* del patriarca, esto es, bendecir a todas las naciones mediante este y su descendencia. Abraham debe dejar su propia tierra para que la bendición pueda llegar a los habitantes de toda la tierra, pues es obvio que «bendición» aquí se presenta como un mandato, como una tarea, como un papel para jugar dentro de los parámetros de una promesa. Y esto es algo que trasciende el significado de la abundancia creacional que hemos visto hasta estas alturas en Génesis. Abraham no solo será «bendecido» (que es lenguaje creacional), sino que él mismo deberá «ser una bendición», lo que implica tener un propósito y una meta. En resumidas cuentas, es misional. Abraham y su descendencia serán los agentes de la misión de Dios. La intención de Dios es bendecir a otros por medio de Abraham y su descendencia.

De hecho, lo que tenemos aquí en Génesis 12.1–3 es el inicio de la gran misión *redentora* de Dios. Se trata del acto inaugural de esta para restaurar lo que la humanidad tenía pensado destruir y para salvarla de las consecuencias de nuestra propia maldad y necedad. En otras palabras, es el inicio de la historia de la salvación, lo cual se expresa en términos de *bendición*. El uso repetido de esta palabra «bendición» conecta la historia de Abraham con la narrativa de la creación que la antecede. La obra redentora de Dios se llevará a cabo dentro del orden creado y para este; no en cualquier otra dimensión celestial o entorno mítico que lo trasciende o a donde nosotros esperamos poder escapar.

Se trata de la creación que ha sido dañada por el pecado humano; así que es la creación y la humanidad juntas las que Dios se propone enmendar. En última instancia, la salvación es la restauración de la bendición de Dios para la creación y la humanidad. No significa que se rescate a los seres humanos y se los *libere* de la creación hacia otra dimensión, sino que se restituya la bendición de Dios *en* la creación, por medio del poder redentor y transformador de Él. Entonces, la salvación es la misión de Dios respecto a su bendición redentora, que restaura a su creación todo lo que perdió debido al pecado y la rebelión del ser humano. Asimismo, dado que por causa y obra del ser humano el pecado y la maldad entraron en la vida de esta tierra, será por medios humanos que Dios obre para redimirla. Él prometió que sería la simiente de Eva (esto es, un ser humano) quien aplastaría la cabeza de la serpiente y, por lo tanto, destruiría su obra dañina (Gn 3.15, el llamado «protoevangelio» que habíamos mencionado anteriormente). Los lectores atentos de la narrativa bíblica de ahí en adelante se habrán preguntado quién sería el que aplastaría la cabeza de aquella serpiente. A partir de Génesis 12.1–3, sabemos que será un descendiente de Abraham. Un hijo de este será una bendición para la redención de los hijos de Adán.

> Porque así como por la desobediencia de uno solo muchos
> fueron constituidos pecadores, también por la obediencia
> de uno solo muchos serán constituidos justos.
>
> *(Ro 5.19)*

Es obvio que cuando Pablo escribió aquello, tenía en mente a Jesucristo. Pero, con relativa validez teológica, se podría decir lo mismo de Abraham, porque se nos dijo que su obediencia fue un elemento clave para que Dios confirmara su pacto con él y bendijera a las naciones (Gn 22.16–18). Y de hecho así *se dijo* de Abraham en la tradición judía mucho tiempo antes que Pablo. Algunos rabinos afirmaron que Abraham era el «segundo Adán» de Dios, esto es, aquel por medio del cual Dios le daría un nuevo comienzo a la humanidad. Mediante Abraham, el Israel veterotestamentario se vería como el núcleo de una nueva y redimida raza humana.[5] Pablo se basó en esta comprensión de la relación entre Adán y Abraham para poder afirmar que era Jesús, verdadera simiente de Abraham, aquel por cuyo medio la promesa se había hecho realidad. Jesús es el Salvador mediante el cual la bendición prometida a Abraham está ahora al alcance de todas las naciones (Gá 3).

Mateo da inicio a su evangelio afirmando que Jesús («Yahvé es salvación») el Mesías era hijo de Abraham, y la concluye con el Cristo que declara el gran mandato de su misión, que incluye a todas las naciones, tal como Dios le había prometido a Abraham. Por lo tanto, Jesús ubica también a la iglesia bajo la autoridad de la misión del patriarca. Las palabras de Cristo a sus discípulos en Mateo 28.18–20,

---

[5] Ver N. T. Wright, *The New Testament and the People of God* (Londres: SPCK, 1992), p. 262. Wright corrobora ampliamente esta comprensión de Abraham e Israel como el nuevo Adán (la humanidad) a partir de fuentes rabínicas y pasajes del Antiguo Testamento.

la así llamada Gran Comisión, pueden ser vistas como un desarrollo cristológico y una reanudación de la comisión original de Abraham. Efectivamente, tal como Dios le dijo a Abraham, Jesús les dice a sus discípulos: «Vayan [...] y sean una bendición [...] y por medio de ustedes serán bendecidas todas las naciones de la tierra».

Histórica

La bendición en sí misma no necesariamente es un hecho histórico; sin embargo, debido a que la misión de «ser una bendición» les fue dada a Abraham *y a sus descendientes*, inevitablemente ella asume una dimensión *histórica*. Hasta estas alturas, en Génesis, es una característica relativamente estática e incorporada al orden creado, al gozo de la fecundidad y la abundancia. Pero, al convertirla en una *promesa* para el futuro («y te bendeciré») y en un *mandato* que se debe seguir cumpliendo («y serás una bendición»), nuestro pasaje le da a la bendición una dinámica histórica; es decir, Génesis 12.1–3 la incorpora en la historia. Así, Dios inicia una misión que ofrece esperanza para el futuro. La historia, entonces, será el escenario donde sucedan la promesa de Dios y el mandato de bendición. Obviamente, también se constituirá en el escenario de los efectos del pecado humano y la maldición de Dios.

Esta doble dimensión de la historia es importante (y subyace en la parábola de Jesús respecto a la mala hierba, por ejemplo). El desarrollo de la historia bíblica de todas las generaciones que vendrán ofrecerá suficientes pruebas de la *condición caída* del ser humano, y todas las características de las primeras historias de la Biblia se volverán a repetir una vez tras otra. Veremos una constante repetición de la desobediencia de Adán y Eva, la envidia y violencia de Caín, la venganza de Lamec, la corrupción y la violencia de la generación de Noé o la arrogante inseguridad de Babel. Efectivamente, la historia demostrará que posee las mismas características que nosotros, seres humanos caídos.

Sin embargo, debemos también buscar, a la luz de Génesis 12.1–3, las huellas de la *bendición divina* en el camino de la historia, es decir, de la bendición que proviene de Dios y va pasando de unos a otros, que es nada menos que la historia de la salvación. Génesis 12.1–3 da comienzo a la historia de la redención dentro del amplio desarrollo de la historia humana, sujeta obviamente al plan soberano de Dios. Además, la inicia como la historia de la misión, esto es, la misión de Dios que Él tomó con responsabilidad plena debido a su rotundo compromiso con Abraham y su descendencia, lo que dio como resultado que le encargara a Abraham la misión de «ser una bendición».

Así que no podemos separar nuestra doctrina de la salvación de nuestro entendimiento de la historia bíblica, porque esta es la esfera en la que Dios ha obrado para ofrecernos las bendiciones de la salvación. No es tan solo una doctrina en la que creemos o una condición en la cual nos encontramos; *la salvación es una historia en la que participamos*, es decir, la historia de lo que Dios inició por medio de Abraham y lo que cumplió mediante Cristo.

La bendición y su aspecto relacionado con el pacto y la moral

Aspecto relacionado con el pacto

Mientras la historia del Antiguo Testamento continúa, el aspecto de la bendición que Israel disfrutaba en el pacto se va tornando cada vez más específico y los israelitas van aprendiendo sobre las bendiciones de la salvación de Dios en sus vivencias históricas. Ello incluye por lo menos lo siguiente (valdría la pena que el lector coloque referencias bíblicas al lado de cada punto):

- La compasión de Dios respecto del aprieto en que se encontraban en Egipto: oyó y vio su sufrimiento y se preocupó por ellos.
- La fidelidad de Dios en relación con la promesa del pacto que hizo con Abraham como una de las principales motivaciones del Éxodo.
- La promesa de Dios por un libertador y mediador en la persona de Moisés.
- El gran poder de Dios que se ejecutó por medio de la justicia contra los opresores egipcios y en la liberación de los hebreos de la esclavitud.
- La providencia de Dios y su atención a las necesidades físicas de su pueblo en el desierto.
- La revelación que en el Sinaí Dios ofreció de sí mismo, de su nombre, su carácter, su pacto y su ley.

- Los castigos específicos de Dios por la constante desobediencia de su pueblo, así como su repetido perdón y su actitud de no abandonarlo y olvidarse del pacto.
- El tabernáculo como un ofrecimiento de la presencia de Dios, junto con el sacerdocio y el sistema de sacrificios, como medios para tratar la constante presencia y realidad del pecado y la desobediencia.
- El don de la tierra de parte de Dios como un símbolo tangible de su relación con Él, de la «herencia» que el pueblo recibiría como lugar de bendición y seguridad.
- El nombramiento de jueces de parte de Dios para que liberen a Israel en tiempos de opresión.
- La elección de Dios al rey David y la promesa que le hizo respecto a un hijo de él (de David) que regiría el pueblo de Dios por la eternidad.
- La disposición que tuvo Dios de colocar su nombre en Jerusalén y su presencia en el templo, que eran símbolos de su santa presencia entre su pueblo.

Claro, es obvio que todas las dimensiones de la bendición que hemos descrito anteriormente como parte de la experiencia histórica del Israel veterotestamentario fueron completamente reales; es decir, no consistieron tan solo en «imágenes literarias». Dios realmente liberó a gente de carne y hueso de una opresión real y les dio una libertad tangible. La Biblia describe aquellos hechos históricos reales como «salvación» y se refiere a Dios como Salvador precisamente porque las llevó a cabo.

Sin embargo, es igual de obvio que, incluso en el Antiguo Testamento, los hechos externos en sí mismos no agotaron todo el significado que encierra la salvación. Dios salvó a los israelitas de las manos de los egipcios con el fin de que tuvieran una relación con Él, de confianza, amor, adoración y obediencia. Sin embargo, tristemente, muchos de los que vivieron el poder salvador de Dios durante los sucesos del Éxodo no respondieron de la manera en que debían hacerlo y por ello perecieron.

Así es como Pablo describe la secuencia trágica de los hechos entre el Éxodo y los años que anduvieron errantes por el desierto:

No quiero que desconozcan, hermanos, que nuestros antepasados estuvieron todos bajo la nube y que todos atravesaron el mar. Todos ellos fueron bautizados en la nube y en el mar para unirse a Moisés. Todos también comieron el mismo alimento espiritual y tomaron la misma bebida espiritual, pues bebían de la roca espiritual que los acompañaba, y la roca era Cristo. Sin embargo, la mayoría de ellos no agradaron a Dios, y sus cuerpos quedaron tendidos en el desierto.

Todo eso sucedió para servirnos de ejemplo, a fin de que no nos apasionemos por lo malo, como lo hicieron ellos. No sean idólatras, como lo fueron algunos de ellos, según está escrito: «Se sentó el pueblo a comer y a beber, y se entregó al desenfreno». No cometamos inmoralidad sexual, como algunos lo hicieron, por lo que en un solo día perecieron veintitrés mil. Tampoco pongamos a prueba al Señor, como lo hicieron algunos y murieron víctimas de las serpientes. Ni murmuren contra Dios, como lo hicieron algunos y sucumbieron a manos del ángel destructor.

Todo eso les sucedió para servir de ejemplo, y quedó escrito para advertencia nuestra, pues a nosotros nos ha llegado el fin de los tiempos. Por lo tanto, si alguien piensa que está firme, tenga cuidado de no caer. Ustedes no han sufrido ninguna tentación que no sea común al género humano. Pero Dios es fiel, y no permitirá que ustedes sean tentados más allá de lo que puedan aguantar. Más bien, cuando llegue la tentación, él les dará también una salida a fin de que puedan resistir.

(1Co 10.1–13)

De modo que el Nuevo Testamento nos muestra cómo la historia de la salvación en el Antiguo Testamento, en última instancia, señala más allá de sí mismo, hacia la plenitud de la salvación que Cristo cumplió en la cruz. No se trata sencillamente de que una salvación física individual o nacional haya sido remplazada por una salvación espiritual. Más bien, todo el poder salvador de Dios ha sido revelado en ambos testamentos. Sin embargo, solo en Cristo podemos alcanzar aquella totalidad, por lo que Pablo puede referirse a la presencia de Cristo incluso en los acontecimientos del Antiguo Testamento. Todo lo que constituye la obra divina de salvación a lo largo de toda la historia es «en Cristo», ya sea que haya sido experimentada por aquellos que cronológicamente vivieron antes de la vida terrenal de Jesús (como es el caso de los israelitas veterotestamentarios) o posterior a Él (como es el caso de nosotros).

Aspecto relacionado con la moral

En todos los acontecimientos y hechos que aparecen anteriormente, Israel había sido llamado para que respondiese de la misma manera que el paradigma que Abraham había legado, es decir, con fe y obediencia. Por lo tanto, la bendición en el contexto del pacto incluye saber quién es el único y verdadero Dios (por medio de la revelación de su nombre: YHVH) y el compromiso a amarlo y obedecerlo de tal manera que se pueda seguir disfrutando de la bendición (Dt 4.32–40). *La bendición de la salvación en el contexto del pacto exigía que se respondiese con una moral que se ceñía al pacto.*

De ello se trata el marco teológico en el que debemos entender la ley del Antiguo Testamento, la cual Dios, por su propia iniciativa y su abundante gracia y amor, se las dio a los israelitas *después* de que los salvó. Luego de que los sacó de Egipto, los llamó para que guardasen su pacto y obedeciesen su ley. Dios dio el primer paso, y la obediencia de Israel tenía que ser una *respuesta* a la salvación que Él le estaba dando; es decir, no debía ser el medio para *lograrla* ni, menos, era algo que se *merecía*. Este punto es muy claro en las primeras palabras que Dios les dirigió a los israelitas luego de que los condujo al Sinaí, en Éxodo 19.

> Después de partir de Refidín, se internaron en el desierto de Sinaí, y allí en el desierto acamparon, frente al monte, al cual subió Moisés para encontrarse con Dios. Y desde allí lo llamó el Señor y le dijo:
>
> > «Anúnciale esto al pueblo de Jacob;
> > > declárale esto al pueblo de Israel:
> > "Ustedes son testigos de lo que hice con Egipto,
> > > y de que los he traído hacia mí
> > > como sobre alas de águila.

> Si ahora ustedes me son del todo obedientes,
>> y cumplen mi pacto,
> serán mi propiedad exclusiva
>> entre todas las naciones.
> Aunque toda la tierra me pertenece,
>> ustedes serán para mí un reino de sacerdotes
>> y una nación santa".
> Comunícales todo esto a los israelitas».
>
> *(Éx 19.2–6)*

Todo el libro de Deuteronomio llega a su punto culminante en aquel potente pedido para que Israel elija «la vida», esto es, que se mantenga en la bendición que sostuvo a lo largo de las promesas del pacto, y que lo haga por medio de una relación de amor, confianza y obediencia a su Dios (Dt 30). Claro que esto no significa que Israel alguna vez *mereció* o podía *merecer* la bendición de Dios o cualquiera de sus obras salvíficas, pues es un error muy básico pensar que en el Antiguo Testamento la bendición o la salvación se podía *merecer* por medio de la obediencia. Todo lo contrario, esta es *intrínseca* a la relación del pacto que Dios estableció mediante su gracia salvadora. Es el medio por el cual se vive en la esfera de la bendición y se la disfruta, pero jamás constituye el camino por el que uno se la merece o se la gana. Dicho en otras palabras, la bendición es el fruto de haber recibido la salvación de Dios, y la obediencia es el medio por el cual todos aquellos que han experimentado esta salvación siguen disfrutando de aquel fruto. Como Dios ya había salvado a Israel (en el Éxodo), la obediencia de los israelitas ya no era necesaria para ello, pero sí para que pudiesen disfrutar los beneficios de su salvación. De otro modo, si hubiesen desobedecido, habrían sido expulsados de la tierra, fuera del lugar donde residía la bendición de Dios.

Esta dimensión moral de la bendición en el contexto de la relación del pacto es otra característica que protege a la bendición bíblica y evita que se degenere en la parodia que se exhibe en la teología de la prosperidad. La bendición no es un reflejo automático que se reparte rutinariamente como respuesta a ciertos aportes, esto es, plegarias o el ejercicio de la fe. No es como un gran cajero automático celestial que guarda milagros para ti y que tan solo aguarda que los reclames.

Recientemente, en Nigeria, donde ayudaba a facilitar un taller de predicación para Langham Partnership y la Nigerian Initiative for Expository Preaching, dediqué bastante tiempo a viajar en varios automóviles a la conferencia, y casi en todas las ocasiones pude escuchar que se tocaba música cristiana en la radio. El tema repetitivo giraba en torno a milagros y bendiciones, disponibles tan solo si se los pedía. Una de las canciones repetía muchas veces «¡tómalo!» y se refería a «tu milagro». Pude escuchar en varias partes de la canción alusiones a Abraham, a bendiciones, a milagros y a todas las riquezas que me esperan si tan solo logro «tomar el milagro». El cantante decía un sinnúmero de veces «yo lo tomaré». Ello me pareció muy distante de las múltiples enseñanzas de Jesús respecto a negarse a sí mismo, a entregarse a sí mismo y a servir a los demás. Era ciertamente una perversión de la promesa que Dios nos hizo por medio de Abraham.

La conexión entre la bendición de Dios y la experiencia de abundancia material no es automática ni mecánica. Es posible que ella incluya la abundancia material —y la Biblia ofrece ejemplos de gente que la experimentó de aquella forma—, pero no es algo que deba ocurrir siempre. Incluso en las Escrituras no sucede así; por ejemplo, Moisés fue el personaje de entre todos los del Antiguo Testamento que estuvo más cerca de Dios y que, sin lugar a dudas, recibió la bendición de aquella relación, pero jamás se nos dice que tuvo riquezas materiales o que quiso tenerlas. Igualmente, todos los profetas y los salmistas recibieron la bendición de Dios; sin embargo, algunos de ellos, como Jeremías, sufrieron de gran manera.

Además, es imposible que hagamos la conexión entre la bendición y las riquezas como si pudiésemos aplicar una lógica en *reversa*. Es decir, aunque es cierto que la bendición de Dios puede darle riquezas a la persona, no podemos deducir que solo porque alguien es rico debe estar bajo la bendición divina. Contrariamente, tampoco se puede decir que solo porque alguien es pobre, tiene que estar bajo su maldición o juicio, pues la Biblia muestra con toda claridad que a veces la pérdida de bienes o el sufrimiento físico no se deben a la desobediencia (tal como Job y Jeremías lo demuestran). Asimismo, las Escrituras también muestran que en muchos casos la gente puede ser muy rica, pero de ninguna manera como resultado de la bendición de Dios, sino como producto de su maldad y su conducta opresiva (tal como Amós y otros profetas lo demostraron con toda claridad). La realidad de la injusticia y la opresión lleva a algunas personas a la pobreza (aunque sean relativamente inocentes) y conduce a otros a que tengan muchas riquezas (aunque sean manifiestamente malvados). Este hecho contradice y niega cualquier conexión simplista entre la riqueza (o la falta de ella) y la bendición de Dios (o la ausencia de esta).

Volviendo a nuestro tema principal (la bendición y su aspecto relacionado con el pacto), Dios llamó a los israelitas a que ejercitaran su fe, obediencia y lealtad moral frente a las exigencias del pacto, tanto durante los tiempos difíciles como en los prósperos, ya sea que las cosas marcharan bien o no. De ello se trata el potente mensaje de Deuteronomio 8. Los israelitas tenían la certeza de que si anticipaban y oraban para poder vivir según esta obediencia, entonces Dios les permitiría vivir en la esfera de su bendición y de todo lo que conllevase para sus vidas diarias. Pero debían también recordar que «no solo de pan vivirá el hombre» y que podían aprender lecciones muy saludables durante tiempos de necesidad y aflicción.

La bendición es multinacional y cristológica

El meollo del asunto respecto a la promesa que Dios le hizo a Abraham fue que todas las naciones de la tierra recibirían la bendición por medio de Él. Se trata de una promesa muy amplia que abarca toda la geografía e historia y prepara el resto de la historia bíblica como la obra de la gran misión de Dios. En última instancia, obviamente, el Nuevo Testamento demuestra que la promesa solo pudo cumplirse por medio de la obra salvadora del Señor Jesucristo y luego por la continua misión de sus seguidores, quienes llevaron las buenas nuevas de la salvación a todas las naciones de la tierra. Tanto la obra de Cristo como la misión de la iglesia constituyen el cumplimiento de la promesa que Dios le hizo a Abraham: su promesa misional de bendecir a todas las naciones.

Multinacional

La promesa de Dios que bendeciría a todas las naciones por medio de Abraham y su descendencia es tan fundamental que Génesis la repite cinco veces a Abraham, Isaac y Jacob, de lo cual ofrezco a continuación mi propia traducción literal:

12.3	Y serán bendecidas en ti todas las familias de la tierra.
18.18	Y serán bendecidas en él todas las familias de la tierra.
22.18	Y serán bendecidas en tu simiente todas las naciones de la tierra.
26.4	Y se bendecirán en tu simiente todas las naciones de la tierra.
28.14	Y serán bendecidas en ti todas las familias de la tierra y en tu simiente.

El verbo clave en hebreo es *barak*, bendecir. Como muestra mi traducción, se usa unas veces como pasivo (serán bendecidos) y otras como reflexivo (se bendecirán). La forma pasiva da a entender que Dios será el que los bendiga, y el reflexivo, que usarán el nombre de Abraham para bendecirse los unos a los otros, ya sea que rueguen a Dios para que sean bendecidos como Abraham lo fue o para que bendigan a otros usando el nombre de este (por ejemplo, «que Dios te bendiga así como bendijo a Abraham»; cf. Gn 48.20; Rt 4.11–12; Sal 72.17).[6]

Efectivamente, no hay en realidad mucha diferencia, ya que el sentido reflexivo da a entender en última instancia que Dios es el que bendice. Esto es así porque si alguien usa el nombre de Abraham como una bendición, esto es, eleva plegarias para que sea bendecido como lo fue él, ello presupone que *conoce al Dios que bendijo a Abraham* y tiene la certeza de que esta es la prueba fehaciente respecto al poder de este Dios para bendecir. Aquellos que siguen este razonamiento, por lo tanto, reconocen a Abraham y al Dios de este. Pero como Dios nos dijo que bendeciría a todos aquellos que «bendigan a Abraham», quienes se bendigan a sí mismos por medio del patriarca terminarán siendo bendecidos por Dios mismo, porque así Él lo ha prometido. El sentido reflexivo nos da a entender que el resultado será el sentido pasivo.

---

6 NOTA DEL TRADUCTOR: Obviamente, en cuestiones gramaticales siempre es difícil traducir lo que el autor quiere dar a entender cuando aborda asuntos entre el inglés y las lenguas bíblicas. El punto que el autor quiere comunicar es que, en el hebreo, siendo lengua semítica distinta de las romances, sus verbos podrían traducirse de manera activa (bendecir), pasiva (ser bendecido) o reflexiva (bendecirse), dependiendo de las variantes de la raíz verbal que expresa la voz gramatical (en el caso de Gn 26.4, la conjugación verbal es *hitpaʿel*). En español también puede expresarse esa función reflexiva del hebreo con los verbos pronominales.

Esto nos conduce a explicar otra buena razón por la que emplear el sentido reflexivo es más importante que usar solamente el pasivo. La forma reflexiva del verbo nos indica que el locutor se *autoinvolucra*. El acto de bendecirse uno mismo por medio del nombre de Abraham o considerarse bendecido por medio de Él indica, como dijimos, que uno conoce la *fuente* de la bendición. Si alguien sabe que Abraham es un modelo de bendición y luego desea ser bendecido como lo fue él, entonces debe con toda seguridad conocer acerca del *Dios de Abraham* y, de manera deliberada y explícita, desear la bendición de aquel Dios y no de *otros* dioses.

Ahora, en realidad una persona podría «ser bendecida» (estrictamente en el sentido pasivo) sin necesidad de conocer o identificar la fuente de aquella bendición. Tristemente, muchos (incluyendo a varios que pertenecieron al Israel veterotestamentario) atribuyen a otros dioses (o a sus propios logros) las bendiciones que en realidad han recibido de parte del Dios Creador. Han recibido la bendición, pero le dan crédito de ello a dioses falsos o a sí mismos. Así que lo cierto es que la gente puede disfrutar de una manera pasiva «haber sido bendecidos» por Dios (con los dones de la vida, la salud, el sustento diario y todo lo demás que nos ofrece esta creación), *sin jamás llegar a conocer a Dios* o a amarlo y rendirle culto. De hecho, tal como Pablo lo explicó con claridad en Romanos 1, la gente podría recibir todas las bendiciones de Dios y conscientemente negarse a conocerlo y suprimir toda verdad acerca de Él.

Sin embargo, una persona no puede de manera intencionada y específica invocar *la bendición en el nombre de Abraham* sin reconocer la fuente de aquella bendición, esto es, el Dios del patriarca. De este modo, la forma reflexiva del verbo indica cierta manera de autoinvolucrarse con Él, cierta disposición a reconocer que la bendición de Abraham es de la clase que uno quisiera recibir de parte del mismo Dios que lo bendice a él.

Por lo tanto, existe una dimensión, que podríamos llamar confesional, que anticipa la bendición de las naciones. Gente de todas ellas será bendecida cuando empiece a reconocer al Dios de Abraham y «se bendiga» en Él y por medio de Él. El alcance de la bendición de la salvación a las naciones será un ejercicio en la extensión del *conocimiento de Dios* entre ellas.

Entonces, nos queda claro que el propósito de Dios en este punto culminante de su promesa a Abraham no es tan solo que todas las naciones sean bendecidas (estrictamente pasivo) de una manera difusa y general, sin importar la relación que tengan con Abraham o al margen de lo que Dios le prometió a él. No; la intensidad de aquellas palabras claves «por medio de ti», junto con la forma reflexiva y autoinvolucrante del verbo, demuestran que Dios se ha propuesto que las naciones compartan de una manera autoconsciente la bendición de Abraham por medio de una apropiación deliberada de esta para ellas mismas.

No se trata de una bendición que se esparce al azar. Las naciones efectivamente vendrán a ser bendecidas como lo fue Abraham; pero solo porque recurrirán a la única fuente de aquella bendición, el Dios del patriarca, y se identificarán con la historia del pueblo de este. Llegarán a conocer al Dios de Abraham; ahí es donde hallarán la bendición y la salvación.

A medida que la promesa que Dios le dio a Abraham se va desarrollando en el panorama del Antiguo Testamento, va asumiendo varias formas. El tema de «las naciones» en el Antiguo Testamento es mucho más importante que lo que se reconoce en muchos tratados de teología veterotestamentaria. En particular, es emocionante descubrir lo que el Antiguo Testamento dice acerca del futuro de las naciones en relación con el plan divino de salvación. Claro que habrá un juicio (que también recaerá sobre Israel); pero, a lo largo de este y más allá de él, muchos salmos y pasajes de los profetas prevén un futuro en el cual gente de todas las naciones se beneficiarán de la bendición salvífica que Dios le prometió a Abraham.[7] Para comprobarlo, basta repasar el siguiente breve panorama respecto a la manera en que el Antiguo Testamento describe la bendición y la salvación venidera a gente de todas las naciones. Lee con atención las citas entre paréntesis y analiza sus repercusiones en relación con el gran propósito misional de Dios para bendecir y salvar a las naciones.

- Vendrán a recibir todas las bendiciones que Israel ha disfrutado y por ello alabarán a Dios (Sal 47, 67).

---

[7] He provisto en *The Mission of God*, cap. 14, un panorama detallado respecto a «Dios y las naciones en la visión del Antiguo Testamento».

- Vendrán a adorar al Dios de Israel (Sal 2.10–11; 22.27–28; 68.31–32; 86.8–10; 96.1–3; 102.15, 21–22; 117.1–2; 138.4–5; 145.10–12; 148.11; Is 2.1–5; 12.4–5; 18.7; 23.17–18; 24.14–16; 42.10–12; 45.6, 14; 60; 61.5–7; 66.18–19).
- Aparecerán en el registro de la ciudad de Dios, Sion (Sal 87).
- Serán bendecidos con la salvación de Dios (Is 19.16–25).
- Serán recibidos en la casa de Dios (Is 56.3–8).
- Llevarán el nombre de Dios (Am 9.11–12).
- Se unirán al pueblo de Dios, Israel (Zac 2.10–12; 9.7).

Así que el cumplimiento de la promesa que Dios le hizo a Abraham no sucede tan solo por medio de una bendición a las naciones de una manera general y anónima, sino únicamente porque han venido a conocer la gran historia bíblica de la salvación, de la que Abraham es la clave de su inicio y Dios es el protagonista. En el proceso de conocer esta historia y volverse con arrepentimiento y fe a este Dios, las demás naciones de hecho formarán parte de su pueblo, esto es, del Israel de Dios, la cual fue una sola nación en el Antiguo Testamento, pero que ahora está constituida por gente de todas las naciones que se han vuelto a Dios por medio de Cristo. Según todos estos abundantes pasajes del Antiguo Testamento, las naciones tendrán la oportunidad de recibir y experimentar la salvación de Dios si se incorporan al pueblo redimido de Dios, de modo que compartirán su historia y se beneficiarán de ella. Así que la historia del Israel veterotestamentario se vuelve la historia y la herencia de la gente de todas las naciones que han venido a creer en el Dios viviente. Aquella historia es nuestra historia —no importa quiénes seamos y de dónde provengamos o a qué etnia pertenezcamos— una vez que nos incorporamos a este pueblo por medio de la fe en Cristo.

Cristológica

Esto es profundamente importante para la misión. Una de las razones de la horrorosa superficialidad y vulnerabilidad de mucho de lo que ocurre por el crecimiento de la iglesia en el mundo es que las personas llegan a creer mediante una fe en un Dios a quien perciben como poderoso. Asimismo, se dan cuenta de que Jesús es el nombre por medio del cual el poder de Dios puede ser liberado, por lo que intentan recibir todas las bendiciones posibles en el nombre de Cristo, pero sin la menor idea de quién realmente fue y es Él en cualquier contexto bíblico.

O sucede todo lo contrario: algunos deciden *no* ejercer su fe en Jesús porque tienen la impresión de que Él solo sirve para suplir unas necesidades o aspiraciones que no son las de ellos.

Un amigo nigeriano me contó el caso de un empresario que no sentía la necesidad de volverse cristiano. La causa era un anuncio publicitario que estaba de camino a su oficina al que veía con frecuencia. Supuestamente, el propósito de esta publicidad era evangelístico, pero producía el efecto contrario. El anuncio decía: «¿Estás enfermo o tu familia lo está? Entonces, necesitas a Jesús. ¿Tienes dificultad para llegar a fin de mes? Entonces, necesitas a Jesús». Y continuaba con una serie de razones semejantes por las que el lector debía recurrir a Cristo.

El problema es que este empresario no sufría ninguno de esos problemas, por lo que, según le dijo a mi amigo, no encajaba en ninguna de las razones por las que debía volverse cristiano. Por cierto, estas no incluían una necesidad o fracaso moral ni mencionaban el pecado y que por Cristo tenemos el perdón de Dios. Así que este empresario no sentía ninguna necesidad de recurrir a aquel Jesús del anuncio porque no le ofrecía nada que pudiera servirle. ¿Cuál sería el motivo para volverse cristiano si todo lo que Jesús le ofrecía eran soluciones a unas necesidades que él no tenía?

¡Qué tal farsa la de este *evangelio*! Sin embargo, da pena reconocer que este craso error es muy común en muchos mensajes evangelísticos populares. Por ello, cuando a una persona vulnerable sin necesidades genuinas se le ofrece un paquete de ofertas en el que «Jesús suplirá sus necesidades», inmediatamente levanta la mano para decir que «tiene fe» en ese Jesús y luego aguarda con ansias que el predicador cumpla con lo prometido.

Estoy seguro de que con frecuencia esta fe es muy sincera y sencilla, según lo que se le ha dicho por medio del evangelismo cristiano o del testimonio personal, pero muy a menudo parece estar dirigida a un «Jesús» desconectado de sus raíces escriturales. A esa persona no se le ha mencionado absolutamente nada acerca de la gran historia bíblica de la que Jesús es su cumplimiento y su fin. Como resultado de esta ignorancia, no se le ha presentado la oportunidad de expandir su visión de la vida por medio del conocimiento de Dios *en y a lo largo de la historia que empezó con Abraham.* Porque es en aquella gran historia del Antiguo Testamento donde podemos aprender tanto, no solo respecto al Dios viviente, sino también acerca de lo que Él espera de su pueblo del pacto, especialmente en términos de las exigencias morales en torno al amor, la justicia, la compasión y la integridad. En otras palabras, esta falta de conocimiento bíblico no produce ningún reto a las creencias más profundas y no origina ningún cambio respecto a las exigencias radicales para el discipulado y la vida transformada según el modelo de Cristo.

Jesús vino como la encarnación del Dios de Abraham, como aquel que cumplió la misión de Dios por medio del Israel veterotestamentario, como el Señor que exigió de sus discípulos la misma calidad y conducta de vida. Necesitamos conocer a Jesús en toda su profundidad y trasfondo bíblico si queremos entender plenamente la naturaleza de la salvación y la bendición que Él nos brinda.

Pablo no expuso a sus conversos a un estado vulnerable en este nivel. Él fundó iglesias entre los gentiles, esto es, entre extranjeros (por lo que respecta a los judíos), gente que carecía de toda información respecto al Antiguo Testamento. Sin embargo, es muy claro que logró enseñarles muy bien que, al llegar a la fe en Jesús, también se habían incorporado al pueblo de Dios, el pueblo del pacto con Abraham. Si lees Gálatas 3 y Efesios 2 y 3, verás que ellos también compartieron la historia y las promesas del Israel veterotestamentario. De hecho, se habían incorporado al Israel bíblico en calidad de pueblo de Dios, o, con mayor precisión, Israel como pueblo de Dios se había *expandido* (por medio de Jesús y según el propósito de Dios) para incluir a gente de naciones extranjeras que, siempre y cuando estuviesen en Cristo, debían también ahora ser contadas con Abraham. ¿Por qué? Porque Jesús *es el Cristo*, esto es, el Mesías que encarna al Israel veterotestamentario en su propia persona, de modo que, por el mismo hecho, todos los que están en Él se encuentran incluidos en el Israel de Dios en Cristo.

Y claro, lo que Pablo les dijo a los cristianos de Galacia y Éfeso es también válido para los cristianos de cualquier nación, incluyendo la tuya y la mía y del resto del mundo. Por lo tanto, todos lo que están en Cristo han sido incorporados en la fe y la descendencia espiritual de Abraham. Estos creyentes gentiles se han tornado al Dios viviente y han dejado a sus ídolos muertos (1 Ts 1.9); pero este Dios es nada más ni nada menos que el Dios de Abraham, a quien incluso le anunció con antelación el evangelio y le dijo que todas las naciones serían bendecidas por medio de él (Gá 3.8). En otras palabras, siempre fue el propósito de Dios (y aún sigue siéndolo) que el pueblo de Abraham no quedase limitado a sus descendientes étnicos o a los israelitas del Antiguo Testamento, sino que se expandiría para incluir a gente de todas las naciones. Por ello, estos nuevos cristianos que no son de la etnia judía han sido incluidos en el pueblo de Abraham y pueden considerarse bendecidos en él por medio de su Simiente, el Mesías Jesús. «Así que los que viven por la fe [en Jesucristo] son bendecidos junto con Abraham, el hombre de fe» (Gá 3.9).

> Todos ustedes [gentiles] son hijos de Dios mediante la fe en Cristo Jesús [el Mesías], porque todos los que han sido bautizados en Cristo se han revestido de Cristo. Ya no hay judío ni griego, esclavo ni libre, hombre ni mujer, sino que todos ustedes son uno solo en Cristo Jesús. Y, si ustedes pertenecen a Cristo, son la descendencia [simiente] de Abraham y herederos según la promesa.
>
> *(Gá 3.26–29)*

Obviamente, nosotros, que seguimos a Pablo y leemos Génesis 12.1–3 como creyentes cristianos, sabemos que su cumplimiento está cimentado en ese mismo Jesús. La visión multinacional de la gran promesa de Dios a Abraham es posible solo por medio de Cristo. Esta es la razón por la que la fe cristiana ha sido una fe misionera desde el principio. El evangelio debe ser proclamado a todas las naciones porque la promesa de Dios implica bendecirlas y debido a que Cristo murió por gente de todas ellas. De eso se trata el pleno significado cristológico de la bendición de Abraham y de que por medio de él podemos predicar las buenas nuevas de salvación hasta lo último de la tierra.

Calvino reconoció que la dimensión total de Génesis 12.1–3 puede entenderse plenamente solamente si se la ubica en el contexto de la obra de Jesús. Ciertamente, observa él, debido a que Cristo «estaba presente en su antepasado Abraham» (Jesús sería hijo de este en calidad de descendiente de él), la promesa ya era cristológica desde su origen.

> Debemos entender que la bendición fue prometida a Abram en Cristo cuando ingresaba a la tierra de Canaán. Por tanto (según mi criterio) Dios anuncia que todas las naciones serán bendecidas en su siervo Abram porque Cristo estaba incluido en su cuerpo. De esta manera, nos da a entender que el patriarca sería no solo un ejemplo, sino también una causa para bendecir [...]. Pablo concluye que el pacto de salvación que Dios hizo con Abram no es estable ni firme excepto en Cristo. Yo, por tanto, interpreto este pasaje como si dijera que Dios prometió a su siervo Abram aquella bendición que luego se extendería a todas las naciones.[8]

Es fundamental para el evangelio bíblico —el cual al inicio fue anunciado a Abraham— el hecho de que efectivamente el propósito de Dios es otorgar a todas las naciones la bendición de la salvación, disponible por medio del Mesías, Jesús de Nazaret, simiente de Abraham. Solo en Cristo y por medio del evangelio de su muerte y resurrección, permanece firme la esperanza de la bendición para todas las naciones.

---

8 Calvino, *Genesis* (Edimburgo: Banner of Truth, 1965), pp. 348–349. Traducción *ad hoc* a partir del texto que aparece en este libro.

Para reflexionar y debatir

1. ¿Cómo explicarías a los demás «la bendición de la salvación» de una manera que incluya todo el significado bíblico en torno a la bendición y al mismo tiempo evitar la falsa enseñanza del «evangelio de la prosperidad»?

2. ¿De qué manera ha cambiado o ha mejorado tu entendimiento del Antiguo Testamento ahora que has reconocido cuán importante es la promesa de Dios a Abraham en calidad de respuesta al pecado de Adán y la relación que ambos tienen con la obediencia y muerte de Cristo?

3. «La salvación no significa que se rescate a los seres humanos y se los *libere* de la creación hacia otra dimensión, sino que se restituya la bendición de Dios *en* la creación, por medio del poder redentor y transformador de Dios. Entonces, la salvación es la misión de Dios respecto a su bendición redentora, que restaura a su creación todo lo que perdió debido al pecado y la rebelión del ser humano». Respecto a esta cita de nuestro texto, ¿cómo debería cambiar tu concepto de misión y práctica evangelística acerca de que la salvación en la Biblia es, en última instancia, para toda la creación y no solo para almas individuales?

Capítulo 4

La salvación
y la historia del pacto de Dios

«La salvación viene de *nuestro Dios»*. Seguimos reflexionando acerca del profundo contenido de las dos últimas palabras de esta frase. Tal como dijimos en el capítulo anterior, se trata de una manera de expresarse que contiene un fuerte matiz del pacto, cuyas raíces se encuentran en el Antiguo Testamento. Cuando hablamos de «nuestro Dios» nos referimos al Dios que interactuó con el Israel bíblico a lo largo de su extensa travesía histórica en el Antiguo Testamento y, obviamente, hasta su punto culminante en el Nuevo Testamento.

Es evidente que la historia de los pactos en la Biblia es la historia de Dios y viceversa. Dios interactuó con gente de carne y hueso a lo largo de eventos históricos reales y la Biblia es la historia de aquella interacción. Además, es la historia de la salvación, porque todos los pactos de Dios tienen un tema común que los une a todos: la salvación. La serie de pactos que se registran en la Biblia es como una secuencia de señales que van apareciendo en la manera en que la salvación de Dios responde frente a los aprietos de la humanidad. Cada señal nos hace ver hacia adelante, a la siguiente, y todas ellas nos indican el futuro, la meta salvífica y final de Dios para la creación y la humanidad. De hecho, es muy útil que veamos la Biblia en su totalidad porque nos permitirá seguirle la pista a la serie de pactos principales que presenta; esto es, darnos cuenta de la trama coherente que se desarrolla a lo largo de toda ella. Así que analicemos brevemente estos pactos en orden de aparición.[1]

---

[1] He desarrollado un estudio más completo de esta secuencia en *Knowing Jesus through the Old Testament* (Oxford: Monarch Press; Downers Grove: InterVarsity Press, 1992,

La serie de pactos

Noé

> Cuando el Señor percibió el grato aroma, se dijo a sí mismo:
> «Aunque las intenciones del ser humano son perversas desde su juventud, nunca más volveré a maldecir la tierra por culpa suya. Tampoco volveré a destruir a todos los seres vivientes, como acabo de hacerlo.
>
> Mientras la tierra exista,
>> habrá siembra y cosecha,
> frío y calor,
>> verano e invierno,
>> y días y noches».
>
> *(Gn 8.21–22)*

Dios les habló otra vez a Noé y a sus hijos y les dijo: «Yo establezco mi pacto con ustedes, con sus descendientes, y con todos los seres vivientes que están con ustedes, es decir, con todos los seres vivientes de la tierra que salieron del arca: las aves, y los animales domésticos y salvajes. Este es mi pacto con ustedes: Nunca más serán exterminados los seres humanos por un diluvio; nunca más habrá un diluvio que destruya la tierra».

Y luego añadió: «Esta es la señal del pacto que establezco para siempre con ustedes y con todos los seres vivientes que los acompañan: He colocado mi arco iris en las nubes, el cual servirá como señal de mi pacto con la tierra. Cuando yo cubra la tierra de nubes, y en ellas aparezca el arco iris, me acordaré del pacto que he establecido con ustedes y con todos los seres vivientes. Nunca más las aguas se convertirán en un diluvio para destruir a todos los mortales. Cada vez que aparezca el arco

---

2006), cap. 2. Ver, además, para un estudio más detallado de lo importante que son la serie de pactos en la Biblia, *The Mission of God: Unlocking the Bible's Grand Narrative* (Downers Grove and Leicester: IVP, 2006), cap. 10.

iris entre las nubes, yo lo veré y me acordaré del pacto que establecí para siempre con todos los seres vivientes que hay sobre la tierra».

Finalmente, concluyó diciéndole a Noé: «Este es el pacto que establezco con todos los seres vivientes que hay en la tierra».

(Gn 9.8–17)

El pacto con Noé, que aparece en Génesis 8.20–9.17, garantiza la continuidad de la vida en la tierra; nos ofrece la plataforma universal sobre la que ha sido posible que vivamos como una raza de seres humanos caídos, en un planeta maldito y con ciertas garantías de supervivencia. De entre todos los pactos es el más amplio, ya que Dios ofrece una promesa en relación con toda la tierra y no solo respecto a los seres humanos. Esta promesa fue hecha luego del diluvio, historia que incluye al mismo tiempo el juicio de Dios sobre un mundo pecador y la salvación de Noé y su familia. Así que el pacto con él yace, como todos los demás pactos, en la gracia salvífica de Dios y su fuerte disposición a bendecir. Nos indica que miremos hacia un futuro bueno para la tierra y la humanidad.

Abraham

Tal como vimos en el capítulo 3, en la Biblia el pacto con Abraham es el punto de inicio de la historia de la salvación. Da comienzo a la comunidad de la bendición, a aquellos que serán bendecidos por su relación con Dios y que serán el medio por el cual todas las naciones experimenten su bendición. El primer registro de ello aparece en Génesis 12.1–3, y otras ampliaciones se observan en Génesis 15, 17 y 22.

El pacto con Abraham conecta nuestra comprensión de la salvación con nuestra eclesiología y misiología. Es decir, por un lado, es padre de la comunidad del pueblo de Dios, el ancestro físico de los israelitas veterotestamentarios y el ancestro espiritual de quien provienen todas las naciones, las cuales recibirán la salvación por medio de Cristo, tal como Pablo escribió cuando explicaba la unidad fundamental de todos los que comparten la fe de Abraham:

> Por eso la promesa viene por la fe, a fin de que por la gracia quede garantizada para toda la descendencia de Abraham; esta promesa no es solo para los que son de la ley, sino para los que son también de la fe de Abraham, quien es el padre que tenemos en común delante de Dios, tal como está escrito: «Te he confirmado como padre de muchas naciones». Así que Abraham creyó en el Dios que da vida a los muertos y que llama las cosas que no son como si ya existieran.
>
> *(Ro 4.16–17)*

Por otro lado, el pacto con Abraham incluyó la promesa de Dios de que por medio de Él y su pueblo la bendición se extendería a todas las naciones. De ello se trata la misión de Dios y, por lo tanto, es también la misión de su pueblo. Los que disfrutan de la bendición de Abraham (es decir, todos nosotros que estamos en Cristo, por lo cual se ha enfatizado anteriormente el punto eclesiológico) son todos a quienes se les ha comisionado ser el medio de la bendición para los demás (por ello, se ha enfatizado el punto misiológico). Entonces, a la luz del pacto de Abraham, la salvación no puede ser individualista.

- La salvación bíblica no es algo que solo yo debiera disfrutar; más bien, me incorpora a la comunidad del pueblo de Dios (eclesiología).
- Y la salvación bíblica no es algo que debiera retenerla para mí mismo; más bien, exige que comparta su bendición con los demás (misión).

Moisés

El pacto del Sinaí por medio de Moisés obligó a la comunidad nacional del Israel veterotestamentario a cumplir lo prometido a Yahvé con ocasión de su poderosa obra salvífica, esto es, el Éxodo. Queda muy claro que ella, en sí misma, estaba basada en los cimientos del pacto de Abraham. Dios obró para liberar a Israel del yugo egipcio porque «se acordó» de sus promesas al patriarca (Éx 2.24; 3.6, 15; 6.2–8). Esto no significa que por un momento se haya «olvidado» de ellas, sino, más bien, que había llegado el tiempo para que las cumpliese.

Por ello, no debemos creer que el pacto del Sinaí es otro o superior al de Abraham. Más bien, es la consolidación de lo que Dios le había prometido a Abraham ahora que una parte de la promesa había sido cumplida; es decir, el hecho de que sus descendientes se habían convertido en una gran nación (Éx 1.7). La misión de Dios (su propósito final) permaneció siendo el mismo de siempre, esto es, bendecir a las naciones por medio de este pueblo descendiente de Abraham; pero los israelitas, como pueblo en su totalidad, debían responder a Dios, así como lo hizo Abraham, con fe y obediencia. De ello se trata la relación fundamental del pacto del Sinaí.

El preámbulo a la entrega de la ley y del pacto en el Sinaí deja bien en claro su origen en la obra salvífica de Dios («yo te saqué de Egipto») y su propósito en relación con el lugar que ocupa Israel entre las naciones de la tierra que también pertenecen a Dios («toda la tierra me pertenece»).

> «Ustedes son testigos de lo que hice con Egipto,
>> y de que los he traído hacia mí
>> como sobre alas de águila.
> Si ahora ustedes me son del todo obedientes,
>> y cumplen mi pacto,
> serán mi propiedad exclusiva
>> entre todas las naciones.
> Aunque toda la tierra me pertenece,
>> ustedes serán para mí un reino de sacerdotes
>> y una nación santa».
>
> *(Éx 19.4–6)*

Para darle forma y contenido a aquella obediencia del pacto, este incluía la ley de Dios. Pero ello fue también un don de la gracia, cuyo propósito era moldear a Israel para que lograse ser el pueblo santo y especial que necesitaba ser como «sacerdocio» en medio de las naciones. La ley del pacto surge *luego* del Éxodo. Es decir, en este libro bíblico tenemos dieciocho capítulos de salvación antes de que aparezca uno solo de la ley. Solamente después de la historia de la salvación llegamos al Sinaí (cap. 19), los Diez Mandamientos (cap. 20) y la formación del pacto (cap. 24).

El pacto del Sinaí, así como todos los demás pactos bíblicos, se fundamenta en la *gracia* de Dios y su motivo es la *misión* de Dios. Es decir, mira *retrospectivamente* a lo que Él, por su amor y gracia al liberarlos de la esclavitud, ya hizo por los israelitas; y mira *prospectivamente* el propósito de Dios en la historia por medio de Israel, esto es, para convertirla en instrumento de su bendición a las naciones. La ley está conectada a estas dos perspectivas; de modo que no debemos interpretar las leyes del Antiguo Testamento aisladas del contexto narrativo y teológico en el que suceden. No fueron dadas como un medio para que Israel alcanzara o se mereciera la salvación de Dios; tampoco como reglas intemporales para ser impuestas ciñéndose a la letra del texto; más bien, se le dio a gente que Dios ya había redimido para que tuviera la capacidad, dentro de su propio contexto cultural e histórico, de corresponder de manera correcta a la gracia salvadora de Dios y de vivir de una forma que mostrara el carácter y la voluntad de Dios a las naciones.

David

El establecimiento de la monarquía en Israel estuvo plagado de fracasos humanos y malas intenciones; pero, tal como muchas veces lo ha hecho, Dios utiliza los defectos humanos y los incorpora a sus propósitos soberanos y salvíficos, por lo cual estableció un pacto con David (2S 7).

> »Pues bien, dile a mi siervo David que así dice el Señor Todopoderoso: "Yo te saqué del redil para que, en vez de cuidar ovejas, gobernaras a mi pueblo Israel. Yo he estado contigo por dondequiera que has ido, y he aniquilado a todos tus enemigos. Y ahora voy a hacerte tan famoso como los más grandes de la tierra. También voy a designar un lugar para mi pueblo Israel, y allí los plantaré para que puedan vivir sin sobresaltos. Sus malvados enemigos no volverán a humillarlos como lo han hecho desde el principio, desde el día en que nombré gobernantes sobre mi pueblo Israel. Y a ti te daré descanso de todos tus enemigos".
>
> »Pero ahora el Señor te hace saber que será él quien te construya una casa. "Cuando tu vida llegue a su fin y vayas a descansar entre tus antepasados, yo pondré en el trono a uno de tus propios descendientes, y afirmaré su

reino. Será él quien construya una casa en mi honor, y yo afirmaré su trono real para siempre. Yo seré su padre, y él será mi hijo. Así que, cuando haga lo malo, lo castigaré con varas y azotes, como lo haría un padre. Sin embargo, no le negaré mi amor, como se lo negué a Saúl, a quien abandoné para abrirte paso. Tu casa y tu reino durarán para siempre delante de mí; tu trono quedará establecido para siempre"».

(2S 7.8–16)

Una vez más, nos damos cuenta de que la iniciativa nació de Dios y que fue una obra de su gracia y amor, ante lo cual David pudo responder de la única manera: con admiración y gratitud. Este pacto de cierta forma refleja el pacto con Abraham, pues, al igual que en este:

- se establece con una persona, pero sus efectos incluyen a los que serán sus descendientes;
- Dios promete que el nombre de David será famoso;
- además, ofrece que la promesa continuará por medio de uno sus hijos.

Más allá de eso, el pacto de David finalmente llegó a ser la base de la *promesa mesiánica* en el Antiguo Testamento, esto es, la expectativa de que Dios traería un verdadero Hijo de David, que salvaría a su pueblo de la amenaza de todos sus enemigos y luego regiría a todo el pueblo de Dios con perfecta paz y justicia por toda la eternidad. Obviamente, el Nuevo Testamento afirma que el cumplimiento del pacto de David aconteció en la persona de Jesús.

El nuevo pacto

La extensa lista de reyes de Judá e Israel fue de mal en peor (con unas notables excepciones, como Ezequías y Josías). El pueblo fue empeorando cada vez más en su rebelión contra Dios y su abandono de la ley y el pacto. Al final, Dios anunció que se debían ejecutar las consecuencias por desobedecer implícitamente las estipulaciones del pacto, por lo cual castigó a Israel enviándolo al exilio. Nabucodonosor arrasó Jerusalén y el pueblo fue llevado al cautiverio en Babilonia, pero la promesa de Abraham jamás fue olvidada. Sin embargo, más allá del juicio, aún había esperanza, porque Dios es fiel a la misión que Él mismo declaró. En esto consiste lo que dijeron muchos de los profetas anteriores al exilio, lo cual fue reafirmado por los que vivieron durante este, y así surgió la visión de un nuevo pacto, que no fue concebido como algo radicalmente distinto al pacto original, aunque prometía unos beneficios más completos y perfectos respecto a la relación entre Dios y su pueblo. El ejemplo más claro de ello se encuentra en Jeremías 31.31–34, el cual nos suena mucho más familiar porque se cita dos veces en la Epístola a los Hebreos. Es Jeremías el que con elocuencia lo describe como «un nuevo pacto».

> Vienen días —afirma el Señor— en que haré un nuevo pacto con el pueblo de Israel y con la tribu de Judá. No será un pacto como el que hice con sus antepasados el día en que los tomé de la mano y los saqué de Egipto, ya que ellos lo quebrantaron a pesar de que yo era su esposo —afirma el Señor—.
>
> Este es el pacto que después de aquel tiempo haré con el pueblo de Israel —afirma el Señor—: Pondré mi ley en su mente, y la escribiré en su corazón. Yo seré su Dios, y ellos serán mi pueblo. Ya no tendrá nadie que enseñar a su prójimo, ni dirá nadie a su hermano: "¡Conoce al Señor!", porque todos, desde el más pequeño hasta el más grande, me conocerán —afirma el Señor—. Yo les perdonaré su iniquidad, y nunca más me acordaré de sus pecados».
>
> *(Jer 31.31–34)*

Además, la idea y la promesa de un nuevo pacto entre Dios y su pueblo está presente en varias partes de los escritos de los profetas. En los capítulos 34–37, Ezequiel prevé la restauración y el restablecimiento futuro del propio Israel usando una terminología que refleja todos los pactos con Noé, David y en el Sinaí (p. ej., 34.23–31). La visión de Ezequiel para el futuro contiene fuertes matices del pacto.

El libro de Isaías recurre a la terminología del pacto para expresar una esperanza futura por medios universales, la cual incluye a las naciones. En Isaías 42.6 y 49.6, la misión del Siervo del Señor es, entre otras, ser «pacto para el pueblo», que debemos entenderlo por medio de su paralelismo con «luz para las naciones». Isaías 55.3–5 se refiere al pacto de David, pero lo hace de una manera que lo universaliza y lo extiende a todo el mundo. En Isaías 54.7–10, incluso el pacto con Noé es llevado a la certeza de la promesa de Dios para una bendición futura de su pueblo.

Todas las profecías del Antiguo Testamento respecto al nuevo pacto prosiguen en el Nuevo y, es obvio, que se las aplica a Jesús. Él se presenta como el que trae el nuevo pacto y, por tanto, da inicio a su amplio alcance a todas las naciones, como cumplimiento de la promesa del pacto de Abraham. El propio Jesús, durante la última cena de la Pascua, antes de su crucifixión, habló del vino en estos términos tremendamente importantes: «Esta copa es el nuevo pacto en mi sangre, que es derramada por ustedes» (Lc 22.20). En otras palabras, la sangre de Jesús que fue derramada en la cruz ha sellado el nuevo pacto por el que la salvación y el perdón se han hecho posibles.

Entonces, no nos sorprende que los documentos que al final fueron recopilados con el propósito de testificar sobre Jesús, de contar la historia de su muerte y resurrección, del don del Espíritu y los primeros años de la misión de sus discípulos a las naciones gentiles, sean llamados en su conjunto «el Nuevo Pacto» (porque «testamento» significa eso). La esencia de la unidad de lo antiguo y de lo nuevo posee un carácter de pacto.

Finalmente, en el libro del Apocalipsis, la Biblia nos muestra el perfecto cumplimiento del pacto de Dios con Abraham. De hecho, todos los grandes pactos de la Biblia se encuentran en ese libro bíblico.

- *Noé* está presente en la visión de la nueva creación, un nuevo cielo y una nueva tierra luego del juicio.
- *Abraham* estará presente cuando se reúnan todas las naciones, tribus, pueblos y lenguas.
- *Moisés* está presente cuando se afirma: «Él acampará en medio de ellos, y ellos serán su pueblo; Dios mismo estará con ellos y será su Dios» y «¡Aquí, entre los seres humanos, está la morada de Dios!».
- *David* está presente en la ciudad santa, la nueva Jerusalén, y en la identidad de Jesús como el león de Judá y la raíz de David.
- *El nuevo pacto* está presente en el hecho de que todo esto será cumplido por la sangre del Cordero que fue sacrificado.

De ello se trata el gran punto culminante de la larga historia del pacto a lo largo de toda la Biblia. Todos los pactos proclaman al unísono la misión de Dios respecto a su firme promesa que hizo a las naciones y a toda la creación. Se puede considerar al libro del Apocalipsis como la declaración final del pacto: «misión cumplida».

La historia de la salvación

Ahora que hemos podido ver el gran panorama de los pactos bíblicos, ¿qué hemos logrado aprender? Vemos una vez más cuán importante es la historia de la salvación, la cual mencionamos en el capítulo anterior. El punto es que la salvación, dado que está incorporada en estos pactos históricos de la Biblia, no es sencillamente un asunto de doctrinas que se tienen que aprender. La salvación no es tan solo una experiencia personal y subjetiva que la pueda disfrutar yo solo. No es un mítico estado futuro y paradisiaco al que anhelo alcanzar por cualquier medio o método religioso al que le he atribuido capacidad de lograrlo.

La salvación es fundamentalmente una historia; es la historia por excelencia. Se constituye dentro del metarrelato bíblico incluyente que da forma a la cosmovisión bíblica.

La Biblia es fundamentalmente un gran relato que posee cuatro partes o secciones principales:

La creación - La caída - La redención en el contexto de la historia - La nueva creación.

Y la salvación, según su definición bíblica, es todo lo que contienen la tercera y cuarta parte de aquel gran relato: la redención que sucede en la historia y la esperanza futura de la nueva creación. La salvación abarca todo el gran arco de la historia, desde el pacto de Dios con Abraham hasta la segunda venida de Cristo.

La historia de la salvación es lo que llena el vacío entre la dispersión de las naciones en Génesis 11 y la sanidad de las naciones en Apocalipsis 22. Por sobre todo lo demás, la Biblia es la historia de la salvación.

Todos los acontecimientos históricos específicos en la historia de la salvación, así como las teorías y definiciones que hemos elaborado cuando intentamos explicar nuestra doctrina de ella, cobran sentido solamente cuando los ubicamos en este marco de referencia narrativo. El evangelio constituye *las buenas nuevas* respecto a lo que el Dios bíblico ha hecho, sigue haciendo y finalmente hará en la historia del mundo. Por ello, para llegar a comprender plenamente la salvación, es muy importante, como lo he enfatizado tantas veces, usar toda la Biblia y evitar utilizar solo unos versículos aislados de la doctrina que encontramos en las epístolas de Pablo; porque incluso él, cada vez que hablaba de la salvación, por lo general tenía en mente toda la historia del Israel veterotestamentario, además de su cumplimiento en Cristo. Debido a que Pablo vivió en aquel mundo de la narrativa bíblica, cuando pensaba en la salvación, lo hacía en relación con la historia del Antiguo Testamento. Su comprensión de ella se cimentaba en aquel mundo; por lo que, conjuntamente con las Escrituras, recordaba la elección de Dios, el llamado de Abraham y la redención de Israel. Asimismo, pensaba en aquel futuro en el que Dios, como había prometido, bendeciría a las naciones gracias a la misión del Mesías y la proclamación del evangelio.

Un excelente ejemplo respecto a la manera en que el instinto de Pablo lo llevó a pensar en la salvación dentro de esta secuencia histórica se encuentra en 2 Tesalonicenses.

> Nosotros, en cambio, siempre debemos dar gracias a Dios por ustedes, hermanos amados por el Señor, porque desde el principio Dios los escogió para ser salvos, mediante la obra santificadora del Espíritu y la fe que tienen en la verdad. Para esto Dios los llamó por nuestro evangelio, a fin de que tengan parte en la gloria de nuestro Señor Jesucristo.
>
> *(2Ts 2.13–14)*

Observemos la secuencia de las obras de Dios que Pablo enumera como parte de la salvación de los tesalonicenses. Estos creyentes tesalonicenses (y todos nosotros que somos creyentes como ellos) han sido:

- amados por el Señor,
- escogidos por Dios,
- salvados por el Señor,
- santificados por Dios,
- llamados por Dios por nuestro evangelio, para que tengan parte en la gloria de nuestro Señor Jesucristo.

Esta secuencia, que no sabemos si fue intencionada o no en la mente de Pablo, refleja la historia del Israel veterotestamentario: Dios los amó, los escogió en Abraham, los salvó de Egipto, los constituyó como su santo pueblo en el Sinaí, les reveló su verdad, los llamó a una fe obediente y les prometió una herencia eterna y gloriosa. Todo el concepto de Pablo respecto a la salvación ha sido formado por aquella historia, la cual obviamente él considera que ha sido cumplida y llevada a cabo en el evangelio de Cristo. Tanto es así que, incluso cuando desea sencillamente enumerar la lista de las grandes bendiciones de la salvación que los creyentes han recibido, no puede evitar ordenarlas en la secuencia de la historia de la salvación que se manifiesta en el Antiguo Testamento. Lo que Dios ha hecho por nosotros en Cristo es como un repaso glorioso, pero en una escala infinitamente superior respecto a lo que hizo por el Israel veterotestamentario.

La salvación es una historia que se extiende en ambos Testamentos, tal como lo demuestra 2 Tesalonicenses 2.13–14, desde la eternidad del amor de Dios hasta la eternidad de la gloria de Cristo. De ello se trata el amplio, universal y eterno contexto en el que nuestra propia salvación debe ubicarse, junto a todos aquellos de la historia universal que participarán en esta historia por medio de Cristo y cantarán de ello en la nueva creación.

La salvación: el pasado, el presente y el futuro

Ya sea que estudiemos la salvación tanto en el Antiguo como en el Nuevo Testamento, descubriremos que posee una cualidad de narrativa. Ello significa que podemos describir a la salvación en términos del pasado, el presente y el futuro.

- Hay partes de su historia que sucedieron en el pasado, esto es, son acontecimientos de la historia y nada los puede cambiar. *Hemos sido salvados.*
- Pero el pueblo de Dios también vive en el presente y por ello ruega a Dios que obre «ahora» y nos salve. *Estamos siendo salvados.*
- Y sabemos que Dios aún no ha transformado el mundo de acuerdo con lo que nos prometió que haría. Esperamos con ansias

el cumplimiento y la alegría plena de nuestra salvación. *Seremos salvados.*

Imaginémonos que estamos en altamar y que nuestro barco sufre un desastre y se va a pique. Entonces saltamos al mar, donde corremos el riesgo de ahogarnos. Sin embargo, en aquel momento de peligro de muerte, aparece un bote salvavidas y alguien nos rescata (*hemos sido salvados* de perecer en el mar, pero aún no del todo). En el bote salvavidas oímos las buenas noticias de que el capitán ha podido llamar por radio a los guardacostas, por lo que el helicóptero de rescate ya viene en camino. Cuando llega, nos sacan del bote y nos suben a la nave (*estamos siendo salvados*, pero todavía no de manera completa). Finalmente, nos lleva a tierra firme, a un lugar seguro, donde estaremos sanos y salvos (*seremos salvados* del todo). La historia bíblica de la salvación tiene también estos tres tiempos verbales.

Una vez más, repasemos nuestras Biblias para ubicar los tres tiempos verbales de la salvación en ambos Testamentos.

La salvación en tiempo pasado

En el Antiguo Testamento, los israelitas rememoraban el Éxodo como el gran evento salvífico de su historia. Lo celebraban y recordaban en la Pascua, tal como aún lo hacen los judíos (Éx 12). Una vez que se establecieron en la tierra prometida, se ordenó que los agricultores israelitas declararan en cada cosecha el carácter «gratuito» de su redención y liberación de la esclavitud y que reconocieran que habían recibido el don de la tierra. Es una afirmación impresionante que posee el carácter de un credo. Esa conmemoración logra unir varios siglos de su historia y los trae al momento presente, tanto como lo es la cosecha que recogen en ese momento, y su significado se torna totalmente personal.

> Cuando hayas entrado en la tierra que el Señor tu Dios te da como herencia, y tomes posesión de ella y te establezcas allí, tomarás de las primicias de todo lo que produzca la tierra que el Señor tu Dios te da, y las pondrás en una canasta. Luego irás al lugar donde el Señor tu Dios haya decidido habitar, y le dirás al sacerdote que esté oficiando: «Hoy

declaro, ante el Señor tu Dios, que he entrado en la tierra que él nos dio, tal como se lo juró a nuestros antepasados».

El sacerdote tomará de tus manos la canasta y la pondrá frente al altar del Señor tu Dios. Entonces tú declararás ante el Señor tu Dios:

> «Mi padre fue un arameo errante, y descendió a Egipto con poca gente. Vivió allí hasta llegar a ser una gran nación, fuerte y numerosa. Pero los egipcios nos maltrataron, nos hicieron sufrir y nos sometieron a trabajos forzados. Nosotros clamamos al Señor, el Dios de nuestros padres, y él escuchó nuestro ruego y vio la miseria, el trabajo y la opresión que nos habían impuesto. Por eso el Señor nos sacó de Egipto con actos portentosos y gran despliegue de poder, con señales, prodigios y milagros que provocaron gran terror. Nos trajo a este lugar, y nos dio esta tierra, donde abundan la leche y la miel. Por eso ahora traigo las primicias de la tierra que el Señor tu Dios me ha dado».

Acto seguido, pondrás la canasta delante del Señor tu Dios, y te postrarás ante él. Y los levitas y los extranjeros celebrarán contigo todo lo bueno que el Señor tu Dios te ha dado a ti y a tu familia.

(Dt 26.1–11)

A los padres israelitas se les dijo, asimismo, que cuando sus hijos les pidan que se les explique la ley que Dios entregó a Israel, deberán contar aquella historia, aquella muy antigua historia de Yahvé y su amor. El significado de la ley y la motivación para obedecerla debían encontrarse en el hecho y la historia de la salvación. La salvación era un hecho del pasado con repercusiones para obedecerla en el presente.

> En el futuro, cuando tu hijo te pregunte: «¿Qué significan los mandatos, preceptos y normas que el Señor nuestro Dios les mandó?», le responderás: «En Egipto nosotros éramos esclavos del faraón, pero el Señor nos sacó de allá con gran despliegue de fuerza. Ante nuestros propios ojos, el Señor realizó grandes señales y terribles prodigios en

contra de Egipto, del faraón y de toda su familia. Y nos sacó de allá para conducirnos a la tierra que a nuestros antepasados había jurado que nos daría. El Señor nuestro Dios nos mandó temerle y obedecer estos preceptos, para que siempre nos vaya bien y sigamos con vida. Y así ha sido hasta hoy. Y si obedecemos fielmente todos estos mandamientos ante el Señor nuestro Dios, tal como nos lo ha ordenado, entonces seremos justos».

(Dt 6.20–25)

Pasando al Nuevo Testamento, Pablo nos habla del Dios que *nos ha salvado*, para lo cual recurre a una conjugación del verbo griego que normalmente se usa para indicar algo que ha sucedido en el pasado, pero que continúa teniendo efectos en el presente.

Porque por gracia ustedes *han sido salvados* mediante la fe; esto no procede de ustedes, sino que es el regalo de Dios, no por obras, para que nadie se jacte.

(Ef 2.8–9, las cursivas son mías)

También recurre a la conjugación del verbo griego que indica algo que ha sucedido completamente en el pasado, ya sea que se tenga en mente la obra final de Cristo en la cruz o el hecho de nuestra regeneración por medio del Espíritu Santo. En los siguientes pasajes de Pablo, la salvación es algo que Dios ya ha realizado, por lo cual la rememoramos como un hecho dado y con gratitud.

Y no solo ella, sino también nosotros mismos, que tenemos las primicias del Espíritu, gemimos interiormente, mientras aguardamos nuestra adopción como hijos, es decir, la redención de nuestro cuerpo. Porque en esa esperanza *fuimos salvados*.

(Ro 8.23–24, las cursivas son mías)

... *él nos salvó*, no por nuestras propias obras de justicia, sino por su misericordia. Nos salvó mediante el lavamiento de la regeneración y de la renovación por el Espíritu Santo.

(Tit 3.5, las cursivas son mías; ver también Col 1.13)

La salvación en tiempo presente

El Israel veterotestamentario constantemente clamaba a Dios pidiéndole ayuda y salvación en el tiempo presente respecto a sus sufrimientos individuales y nacionales. De hecho, las narrativas nos muestran que la causa de las grandes obras salvíficas de Dios en el pasado tuvo su origen en las súplicas de Israel en el «presente».

> Mucho tiempo después murió el rey de Egipto. Los israelitas, sin embargo, seguían lamentando su condición de esclavos y clamaban pidiendo ayuda. Sus gritos desesperados llegaron a oídos de Dios, quien al oír sus quejas se acordó del pacto que había hecho con Abraham, Isaac y Jacob. Fue así como Dios se fijó en los israelitas y los tomó en cuenta.
>
> *(Éx 2.23–25)*

No nos debe sorprender que la gran confianza que manifiesta el salmista se debe a esto:

> Dios es nuestro amparo y nuestra fortaleza,
>   nuestra ayuda *segura* en momentos de angustia.
>
> *(Sal 46.1, las cursivas son mías)*

Asimismo, Isaías se deleita cuando afirma que Yahvé está siempre al tanto de la realidad actual. Ha estado presente desde antes de la fundación del mundo y lo estará más allá del fin de este; jamás se vuelve anticuado o anacrónico y nunca se adelanta a los hechos. Siempre es el Dios del presente (Is 43.10; 44.6; 46.10). Por esta razón, podemos confiar en que nos traerá su salvación al presente.

Volviendo una vez más al Nuevo Testamento, Pablo a veces describe a los creyentes como aquellos «que se salvan». La salvación es un proceso continuo, algo que acontece en las circunstancias de la vida. Así, Pablo distingue entre «los que se pierden» y «los que se salvan».

> Me explico: El mensaje de la cruz es una locura para los que se pierden; en cambio, para *los que se salvan*, es decir, para nosotros, este mensaje es el poder de Dios.
>
> *(1Co 1.18, las cursivas son mías; ver también 2Co 2.15)*

Además, Pablo describe la salvación como un proceso en el presente, que tiene que llevarse a cabo en nuestras vidas como resultado de un obediente temor a Dios.

> Así que, mis queridos hermanos, como han obedecido siempre —no solo en mi presencia, sino mucho más ahora en mi ausencia— *lleven a cabo su salvación* con temor y temblor, pues Dios es quien produce en ustedes tanto el querer como el hacer para que se cumpla su buena voluntad.
>
> *(Fil 2.12–13, las cursivas son mías)*

Esto no significa que la salvación sea un hecho que podamos *lograr* por nosotros mismos o que se pueda llegar a algún acuerdo respecto a nuestra salvación. Quiere decir que debemos llevar a la práctica en nuestra vida diaria las repercusiones del hecho de que hemos experimentado la salvación de Dios en Cristo y de que Él nos va transformando. La salvación es una realidad del presente que afecta nuestras vidas y nuestros estilos de vida. No es tan solo una experiencia del pasado (en nuestro «testimonio») o un anhelo futuro (por el cielo cuando muramos). Es una condición existencial de nuestra vida presente en la tierra. Debemos vivir como aquellos que experimentan la salvación de Dios en sus vidas.

Pedro comunica la misma idea cuando ruega a sus lectores que crezcan «en su salvación» (1P 2.2). Ello no significa que podemos crecer hasta alcanzar un mayor nivel de salvación del que ya tenemos. Quiere decir que el fruto y la evidencia de la salvación en nuestras vidas presentes son un humilde discipulado y una madurez creciente.

De la misma manera, podríamos usar el ejemplo de una joven pareja «que crece en su matrimonio». No significa que con el paso del tiempo vayan a estar «más casados» que antes, porque el matrimonio es un estado que recibieron el día de su boda. Más bien, quiere decir que cada uno logra aprender cada vez más cómo vivir para el bienestar del otro y para fortalecer el vínculo y la bendición de su relación matrimonial. Del mismo modo sucede cuando «crecemos en nuestra salvación», es decir, es un reto y un privilegio siempre presente para la persona que ha sido y será salvada.

La salvación en tiempo futuro

Como vimos en el capítulo anterior, el Antiguo Testamento contiene una esperanza escatológica respecto a la salvación venidera que Yahvé cumpliría no solo para su pueblo, sino también para las demás naciones. La salvación era una gran expectativa futura para ellos, pero se basaba en su experiencia de salvación como un gran hecho histórico del pasado.

El Día del Señor parece que originalmente se relacionó con aquellas esperanzas. En Israel se creía que aquel día vendría cuando Dios destruyera a los enemigos de los israelitas para luego hacer de estos la nación más importante de todas. Amós fue el primero en socavar esta idea popular y advirtió a Israel —por haber desobedecido el pacto y haberse ido en pos de la idolatría y los males sociales— que el Día del Señor traería un terrible juicio sobre los israelitas (Am 5.18–24). Y ciertamente así sucedió, en el contexto inmediato de la devastación producto de la derrota y el exilio. La mayoría de los profetas después de Amós que se refirieron al Día del Señor también afirmaron con una devastadora claridad que aquel día traería un juicio.

Sin embargo, más allá del juicio, siempre se encuentra la esperanza en el Dios de Israel, tal como Deuteronomio 30 les había asegurado. De este modo, luego de dos capítulos y medio de ardiente juicio, Sofonías de pronto percibe otra dimensión del Día del Señor, esto es, una de esperanza, gozo y salvación. Es como si hubiese visto el arcoíris de la promesa de Dios emerger en medio de la tormenta del juicio de Dios. Sofonías promete que los israelitas podrán regocijarse cuando dirijan la mirada hacia el futuro porque su salvación se aproxima. Dios los salvará. Dios estará con ellos. El reflejo del nombre de Jesús («Dios es Salvación») y Emanuel («Dios con Nosotros») es muy fuerte.

> ¡Lanza gritos de alegría, hija de Sión!
>> ¡da gritos de victoria, Israel!
> ¡Regocíjate y alégrate de todo corazón,
>> hija de Jerusalén!
> El Señor te ha levantado el castigo,
>> ha puesto en retirada a tus enemigos.
> El Señor, rey de Israel, está en medio de ti:
>> nunca más temerás mal alguno.

> Aquel día le dirán a Jerusalén:
>> «No temas, Sión, ni te desanimes,
> porque *el Señor tu Dios está en medio de ti*
>> como guerrero victorioso.
> Se deleitará en ti con gozo,
>> te renovará con su amor,
> se alegrará por ti con cantos
>> como en los días de fiesta».
>
> *(Sof 3.14–18, las cursivas son mías)*

Sofonías tampoco limitó esta esperanza de salvación futura solamente a la etnia de Israel. Así como muchos otros profetas, pudo ver aquel futuro en el que las naciones también serían incorporadas a la unidad purificada del pueblo que Dios había salvado. Al igual que en muchos otros lugares del Antiguo Testamento, «Israel» sufre una expansión que incluye a las naciones extranjeras que vendrán a Dios. Las fronteras étnicas serán disueltas y el pueblo de Dios se convertirá en una nación multinacional conformada por todos aquellos que invoquen a Dios por su salvación.

> Purificaré los labios de los pueblos
>> para que todos invoquen el nombre del Señor
>> y le sirvan de común acuerdo.
>
> *(Sof 3.9)*

Joel manifiesta la misma confianza en las palabras que inspiraron a Pedro y Pablo. Cuando Dios derrame su Espíritu en todos, entonces *todo el que invoque el nombre del Señor escapará con vida* (Jl 2.32; ver Hechos 2.14–21; Ro 10.12–13).

Volviendo una vez más al Nuevo Testamento, encontramos que, aunque nuestra salvación obviamente ha sido realizada por Cristo en la cruz (como un hecho histórico del pasado) y si bien disfrutamos y llevamos a la práctica la realidad de ello en el presente, en cierto sentido aún anticipamos el cumplimiento pleno de nuestra salvación en el futuro.

Nuestra expectativa del retorno de Jesús es en realidad nuestra esperanza de la venida de nuestro Salvador, tal como Pedro les dijera a sus compatriotas judíos en Jerusalén.

> Por tanto, para que sean borrados sus pecados, arrepiéntanse y vuélvanse a Dios, a fin de que vengan tiempos de descanso de parte del Señor, enviándoles el Mesías que ya había sido preparado para ustedes, el cual es Jesús. Es necesario que él permanezca en el cielo hasta que llegue el tiempo de la restauración de todas las cosas, como Dios lo ha anunciado desde hace siglos por medio de sus santos profetas.
>
> *(Hch 3.19–21)*

O tal como Pablo lo dijera:

> En cambio, nosotros somos ciudadanos del cielo, de donde anhelamos recibir al Salvador, el Señor Jesucristo.
>
> *(Fil 3.20)*

Debido a que la historia de la salvación sigue su curso hacia su gran momento culminante, Pablo puede rogarles a los creyentes que vivan según la perspectiva de su *futura* salvación, así como lo hacen a la luz de lo que *ya* han vivido.

> Hagan todo esto estando conscientes del tiempo en que vivimos. Ya es hora de que despierten del sueño, pues nuestra salvación está ahora más cerca que cuando inicialmente creímos.
>
> *(Ro 13.11)*

En aquel día futuro, que Cristo ha garantizado por lo que Él ha hecho, seremos finalmente salvados.

> Y ahora que hemos sido justificados por su sangre, ¡con cuánta más razón, por medio de él, *seremos salvados* del castigo de Dios! Porque si, cuando éramos enemigos de Dios, fuimos reconciliados con él mediante la muerte de su Hijo, ¡con cuánta más razón, habiendo sido reconciliados, *seremos salvados* por su vida!
>
> *(Ro 5.9–10, las cursivas son mías)*

Ciertamente, aquel día llegará cuando todo el pueblo de Dios, creyentes judíos y gentiles injertados, sean salvados. La teología de la misión que auspiciaba Pablo, profundamente arraigada en las promesas del Antiguo Testamento, concibe que las naciones gentiles serán recolectadas o «injertadas» en el árbol de olivo original, esto es, el Israel veterotestamentario. Pero el resultado de ello causará que los judíos que aún no sean creyentes sientan celos y se vuelvan a Jesucristo y sean injertados en su propio árbol de olivo.

«Y así todo Israel será salvo» (Ro 11.26, mi traducción), dice Pablo como momento culminante de su argumento en Romanos 9–11. Notemos que no dice *cuando*, sino *así* o *de esta manera* (*houtos*). No describe una *cronología* del fin del mundo (como erróneamente se cree), sino el *método* por el cual Dios lleva a cabo la salvación de todo su pueblo, de «todo Israel». En este sentido, es una salvación futura. Pero cuando se realice, entonces será prueba de la máxima fidelidad a la promesa de Abraham y el punto culminante del pacto.

Así que, cuando oímos aquella gran doxología de los redimidos de Dios en Apocalipsis 7, sabemos ahora algo de lo que están celebrando cuando entonan «¡la salvación viene de *nuestro Dios*!». Lo que quieren decir es que la salvación es obra del Dios de la Biblia y que ella abarca toda la historia bíblica del pacto. Celebrar esta salvación implica volver a contar la historia, con corazones llenos de gozo, gratitud y alabanzas, porque pertenecemos a todos los que fueron salvados, a los que se salvan y los que serán salvados por la gracia y el poder de Dios y la sangre del pacto que derramó Cristo.

La salvación: una historia única

La historia que otras religiones no nos cuentan[2]

El carácter narrativo de la salvación bíblica es la esencia de su singularidad. Es decir, cuando la Biblia habla de la salvación, no se

---

[2] El asunto de otras religiones y la manera en que debemos evaluar sus afirmaciones en torno a la verdad y la salvación en relación con la Biblia es, obviamente, un tema más amplio que no podemos tratarlo de una manera adecuada en este libro. Sin embargo, hay otro libro de la serie Global Christian Library que se dedica a este asunto: Ida Glaser, *The Bible and Other Faiths: What Does the Lord Require of Us?* (Downers Grove y Leicester: IVP, 2005). Se puede ver también mi introducción a algunos de estos asuntos, incluyendo el pluralismo, en Christopher J. H. Wright, *The Uniqueness of Jesus*, Thinking Clearly Series (Oxford y Grand Rapids: Monarch, 1997, 2001).

refiere a un asunto común en el que otras religiones también creen, aunque solo de una manera distinta. En la Biblia, tan pronto como se menciona la salvación, nos vemos en la necesidad de contar su historia, pero *esta* historia y ninguna otra más, razón por la cual la visión bíblica de la salvación es única. Para nosotros, que somos cristianos bíblicos, la salvación no es una especie de paraíso místico en una dimensión celestial que todos los seres humanos esperan alcanzar algún día. No es una noción que todas las religiones tienen en común y que las personas aspiran a alcanzar de diferentes maneras. Tampoco es (como en las metáforas populares) algo que nos espera en la cima de una montaña a la que todas las religiones van en camino desde sus distintos puntos de partida. Es decir, no contiene la idea implícita de que al final todas las religiones llevarán a la salvación si tan solo se siguen sus caminos con sinceridad. Esta opinión respecto a la religión es muy popular, pero dista mucho de lo que la Biblia enseña acerca de la salvación.

Todas estas ideas sobre la salvación empiezan en un punto de partida equivocado, esto es, que es algo que en última instancia todos esperamos alcanzar por nuestros propios esfuerzos religiosos, con un poco de ayuda de los dioses o los dirigentes religiosos;[3] pero, como dijimos en el capítulo 2, en la Biblia Dios es el *sujeto* no el *objeto* de la salvación. Esto significa lo siguiente: la salvación es la obra que Dios continúa realizando por nosotros. Él es su autor y quien la hace efectiva. Es el protagonista. La salvación no es algo por lo que debemos esforzarnos para persuadir o manipular a Dios a fin de que nos la otorgue. Él no es el objeto de las obras religiosas que hemos de realizar para alcanzar la salvación, sino el protagonista y el que la ha logrado

---

[3] Hay tradiciones religiosas que enfatizan el papel que juega la fe y la devoción a un dios en particular o a un dirigente iluminado, en vez de resaltar los méritos propios (como en la rama budista japonesa y las tradiciones místicas de devoción, como el movimiento religioso bhakti en el hinduismo o el sufismo del islam). Este estado de conciencia por la necesidad de la gracia divina y el amor es, sin duda, una señal de la gracia de Dios, y la teología cristiana de la religion debe saber relacionarse con todas ellas y tratar de explicar estos fenómenos religiosos. Sin embargo, el punto principal del argumento anterior se relaciona con el concepto popular y predominante respecto a la «religión», es decir, que sea cual fuere el concepto de la salvación que yo busco (y al respecto hay una inmensa variedad entre las grandes religiones), se trata de la vía de la práctica y el deber religioso que debo seguir para poder lograrlo.

por nosotros. Y, según la Biblia, Dios ha logrado esta salvación por medio de los hechos registrados en esta narrativa de la historia.

En las Escrituras, la salvación se fundamenta en «lo que ya ha sucedido» respecto a los hechos históricos por los que Dios ha obrado para salvar a la humanidad y la creación. La salvación es lo que Él ya ha realizado en el *pasado* y cuyo resultado garantiza que ciertos hechos sucedan en el *futuro*, por lo cual vivimos vidas transformadas en el *presente*. La salvación no es sencillamente un futuro que se anhela y al que quizá dirijamos nuestros esfuerzos religiosos de una manera indefinida, nunca estando seguros de si lograremos llegar o no.

La salvación bíblica emite afirmaciones respecto a hechos históricos que tuvieron testigos presenciales. Asimismo, sobre esa base, afirma lo que Dios ha realizado por medio de dichos hechos. La salvación bíblica declara que Él amó tanto al mundo que nos entregó a su único Hijo. Afirma que Dios estaba en Cristo reconciliando el mundo consigo mismo. Nos asegura que Jesús murió por nuestros pecados y que fue resucitado al tercer día para nuestra justificación. Nos dice que Dios no nos ha salvado porque hayamos hecho algo bueno, sino por su misericordia. Todas estas son grandes afirmaciones positivas de la salvación bíblica y están arraigadas en la propia historia que presenta la Biblia.

Otras religiones no salvan —aunque provengan de culturas muy antiguas, sabias y dignas—*porque no nos relatan esta historia*. Esta afirmación de ninguna manera intenta despreciar o desvalorar las grandes profundidades de la reflexión humana, pues lo correcto es respetar la literatura, la sabiduría, la cultura, la moral, la música, el arte y las aspiraciones que se encuentran en las tradiciones religiosas de todo el mundo y sus textos. Sin embargo, no me refiero a su riqueza humana, sino a la interrogante respecto a si son medios de *salvación*, esto es, en el mismo sentido en el que la Biblia habla de la salvación. Mi argumento afirma que estas religiones no pueden hacerlo porque no nos cuentan *esta* historia: la del Dios del pacto y su obra salvífica en ella. Por lo tanto, no pueden «conectar» a la gente con esa historia y con el Salvador, que es el gran protagonista de ella. No cuentan con ningún evangelio para transmitírselo a las naciones; no tienen buenas nuevas porque desconocen esta historia que, en sí misma, constituye las buenas nuevas.

¿Hay salvación en otras religiones?

Esta es la razón por la que, como cristianos, hemos de ser muy cuidadosos y claros cuando se nos confronte con esta pregunta: «¿Hay salvación en otras religiones?». Es imperativo que preguntemos primero el significado de la interrogante antes de dar una respuesta.

Si se refiere a que si es posible que el Dios viviente, a quien conocemos a partir de la Biblia, salve a la *gente* que vive en el contexto de otras religiones y que quizá jamás haya escuchado sobre Jesús, la pregunta nos presenta asuntos y posibilidades acerca del destino de los que no han sido evangelizados, lo que desarrollaremos con mayor detenimiento en el capítulo 5. Quizá tengamos razones optimistas para contestarla; pero deben provenir desde la Biblia y por medio de Cristo, no de otras religiones como tales.

Si la pregunta se refiere a si hay pruebas en otras religiones respecto a la revelación de Dios y de su gracia, es decir, del Dios viviente de la Biblia y que salva, entonces podemos estar seguros de que la respuesta será un «sí». Todos los seres humanos han sido creados según la imagen de Dios y reflejan algo de su naturaleza y carácter, aunque dicha imagen en ellos haya sufrido una deformación. Además, las religiones —que son creaciones humanas— encarnan inevitablemente parte de aquella imagen de Dios. Asimismo, Él se ha revelado a sí mismo en la creación y, por medio de esta, en la conciencia moral de toda la humanidad. Como pecadores que somos, hemos desfigurado y suprimido este conocimiento; sin embargo, es un hecho real de nuestra existencia humana, tal como Pablo argumenta en Romanos 1. Él fue capaz de decirles a aquellos sencillos paganos de Listra que Dios «no ha dejado de dar testimonio de sí mismo» entre todas las naciones (Hch 14.17). Asimismo, pudo decirles a aquellos sofisticados paganos de Atenas que el deseo de Dios es «que todos lo busquen y, aunque sea a tientas, lo encuentren. En verdad, él no está lejos de ninguno de nosotros» (Hch 17.27).

Por ello, ha habido buena voluntad entre muchos teólogos cristianos a lo largo de los siglos para afirmar la presencia de la revelación general de Dios, que incluso añade cierto conocimiento de su amor, misericordia y gracia, en el contexto de las distintas religiones del mundo. Esto se entiende como algo que se le atribuye a la gracia común de Dios y a la misma naturaleza humana en calidad de seres creados a su imagen. Toda la verdad es propiedad de Dios. Toda la verdad y la bondad fluye del carácter y la gracia de Dios. Así que, cada vez que nos encontremos con la verdad o veamos que se practica la bondad, debemos afirmar y no negar la realidad y la presencia de Dios de alguna u otra manera. Si no fuese por esta gracia común de Dios y su misericordia incluso en la raza humana caída a la que todos pertenecemos, la vida en la tierra se habría tornado un infierno en la tierra hace mucho tiempo.

Pero si la pregunta se refiere a si pueden *otras religiones* como tales (es decir, como sistemas de creencias y prácticas que poseen cierta visión del mundo) ser medios de salvación de la misma manera y con los mismos resultados de la salvación que la Biblia describe, entonces la respuesta debe ser un respetuoso pero firme «no».

El motivo por el que negamos que haya salvación en otras religiones no radica en nuestra idea de que las demás religiones son inferiores al cristianismo como *religión*, pues, como ya hemos dicho, la *religión* no salva a nadie. La razón de que los creyentes cristianos sean salvos no es el hecho de que el cristianismo sea una buena *religión* o mejor que las otras. Debemos evitar por todos los medios posibles dar esta impresión equivocada del cristianismo, porque inmediatamente ostenta una actitud de superioridad presumida, como si dijéramos: «Soy salvo porque mi religión es mejor que la tuya». Ello sería una clase de hipocresía arrogante y santurrona que Jesús condenó y que con toda razón el mundo encuentra repugnante.

La salvación debe encontrarse en el contexto de la fe cristiana y debemos testificarla solamente porque el cristianismo cuenta esta historia, mientras que las demás no lo hacen. La salvación *no* está contenida en el cristianismo como religión (es decir, como sistema, institución o, incluso, como civilización), sino en la historia que testifican los cristianos, esto es, en el testimonio del Dios bíblico y lo que ha hecho en la historia por nuestra salvación. La salvación posee la garantía de Dios por todo lo que Él ha hecho, no por nuestras creencias y prácticas religiosas.

«Ustedes son mis testigos»

Esta es también la razón de la postura principal que tomamos como cristianos cuando hablamos de la salvación, es decir, la de *testigos*. Si la salvación fuese una realidad que pudiésemos encontrar gracias a nuestros propios esfuerzos o al camino religioso que hayamos elegido, entonces la evangelización sería solo un asunto de hablar con los demás e intentar convencerlos de que sean como nosotros, que se unan a nuestras prácticas religiosas o se adhieran a nuestros métodos sagrados y rituales. De este modo, nos convertiríamos en vendedores de nuestra marca particular de religión. Seríamos propagandistas que fomentaríamos los beneficios de nuestro producto y que prometeríamos felicidad y satisfacción a aquellos que lo comprasen. Tristemente, así opera en realidad gran parte de la evangelización cristiana y, de hecho, de esta manera resuena en el mundo exterior, por lo que es entendible que la gente rechace estas tácticas.

Pero Dios no ha llamado a su pueblo para que persuada a los demás a seguir las prácticas de su religión con la esperanza de que puedan descubrir la salvación por ellos mismos. No lo ha convocado para que se dedique a campañas de mercadotecnia a fin de promover su marca o ampliar la franquicia de la salvación a más sucursales. Dios llama a su pueblo para que sean sus *testigos* respecto a lo que Él ya ha hecho.

Esto también es cierto en el Antiguo Testamento. Cuando se encontraban en el exilio en Babilonia, los israelitas estaban rodeados de gente que adoraba a otros dioses, quienes en ese contexto parecían extremadamente poderosos. Entonces, ¿cómo era posible que las demás naciones llegasen a adorar al verdadero Dios viviente y fueran salvos? Por el testimonio de los israelitas respecto a lo que Dios hizo y dijo. No debían hablar de su propia *religión*, sino proclamar las reveladoras y salvíficas palabras y obras de Yahvé, Dios del Israel veterotestamentario. El Señor Dios debía ser el protagonista de su testimonio para todas las naciones.

> Que se reúnan todas las naciones
>> y se congreguen los pueblos.
> ¿Quién de entre ellos profetizó estas cosas
>> y nos anunció lo ocurrido en el pasado?
> Que presenten a sus testigos
>> y demuestren tener razón,
> para que otros oigan y digan:
>> «Es verdad».

«Ustedes son mis testigos —afirma el Señor—,
    son mis siervos escogidos,
para que me conozcan y crean en mí,
    y entiendan que yo soy.
Antes de mí no hubo ningún otro dios,
    ni habrá ninguno después de mí.
Yo, yo soy el Señor,
    fuera de mí no hay ningún otro salvador.
Yo he anunciado, salvado y proclamado;
    yo entre ustedes, y no un dios extraño.
Ustedes son mis testigos —afirma el Señor—,
    y yo soy Dios».

(Is 43.9–12, las cursivas son mías)

Casi con toda certeza, Jesús repitió este texto cuando les comunicó a sus discípulos la misma responsabilidad respecto a que debían ser testigos. La misión de ellos no consistía en que propusieran una nueva religión. No debían ser los vendedores de una nueva filosofía o metodología para encontrar la salvación en un mundo ya inundado por toda clase de sectas religiosas que ofrecían en venta un sinnúmero de salvaciones. No, los discípulos debían sencillamente testificar sobre lo que habían visto y oído de parte de Jesús de Nazaret, respecto a su vida, muerte y resurrección, y a su identidad como Hijo del Dios viviente. Tenían que testificar lo que Dios hizo por medio de Jesús y lo que le ofrecía al mundo en nombre de su Hijo, esto es, el perdón y la salvación.

Entonces les abrió el entendimiento para que comprendieran las Escrituras.

—Esto es lo que está escrito —les explicó—: que el Cristo padecerá y resucitará al tercer día, y en su nombre se predicarán el arrepentimiento y el perdón de pecados a todas las naciones, comenzando por Jerusalén. *Ustedes son testigos de estas cosas.*

(Lc 24.45–48, las cursivas son mías)

Pero, cuando venga el Espíritu Santo sobre ustedes, recibirán poder y *serán mis testigos* tanto en Jerusalén

> como en toda Judea y Samaria, y hasta los confines de la
> tierra.
>
> *(Hch 1.8, las cursivas son mías)*

Al enfatizar esta noción de *testigo* en relación con lo que Dios ha hecho en la salvación, no estoy sugiriendo que todo lo que debemos hacer es verbalizar este testimonio, pues no es solo un asunto de *hablar*. En ambos Testamentos, una acción extremadamente fundamental del testimonio que el pueblo de Dios debe llevar a cabo respecto a la salvación que Él logró para ellos es mostrar las pruebas de una *vida transformada*. El testimonio es moral, no solo verbal.

En el Antiguo Testamento, la crítica mordaz de los profetas era que los israelitas habían fracasado terriblemente respecto a testificar sobre Yahvé porque no pudieron vivir según las leyes y los decretos de Él. Esto afectaba todo el amplio espectro de sus vidas prácticas, desde la moral personal, la ética sexual, las relaciones familiares, sus negocios y finanzas, su honestidad y veracidad, la justicia agrícola, la integridad judicial hasta sus dirigentes políticos y sus relaciones internacionales. Aquellos que no estaban dispuestos a *caminar* por la senda del Señor no tenían la capacidad de *testificarla*. La mayoría de los profetas presentó este reto, pero Ezequiel probablemente concentró su haz de luz de una manera más implacable que los demás. Los israelitas se encontraban muy lejos de ser testigos para las naciones por causa de la pobre calidad de sus vidas y su sociedad, que se habían hundido a un nivel más bajo que el de las naciones paganas que los rodeaban.

> Así dice el Señor omnipotente: Esta es la ciudad de Jerusalén. Yo la coloqué en medio de las naciones y de los territorios a su alrededor. Pero ella se rebeló contra mis leyes y decretos, con una perversidad mayor a la de las naciones y territorios vecinos. En otras palabras, rechazó por completo mis leyes y decretos.
>
> Por eso yo, el Señor omnipotente, declaro: Ustedes han sido más rebeldes que las naciones a su alrededor; no han seguido mis decretos ni obedecido mis leyes, y ni siquiera se han sujetado a las costumbres de esas naciones.
>
> *(Ez 5.5–7)*

El Nuevo Testamento nos muestra con claridad que las enseñanzas de Jesús y los apóstoles respecto a la clase de testimonio que merece el evangelio y con algo de probabilidad de que sea efectivo es aquel que se lleva a cabo por medio de la destellante luz de las buenas obras y el amor sacrificado como el de Cristo.

> Ustedes son la luz del mundo. Una ciudad en lo alto de una colina no puede esconderse. Ni se enciende una lámpara para cubrirla con un cajón. Por el contrario, se pone en la repisa para que alumbre a todos los que están en la casa. Hagan brillar su luz delante de todos, para que ellos puedan ver las buenas obras de ustedes y alaben al Padre que está en el cielo.
>
> *(Mt 5.14–16)*

> De este modo todos sabrán que son mis discípulos, si se aman los unos a los otros.
>
> *(Jn 13.35)*

> Enseña a los esclavos a someterse en todo a sus amos, a procurar agradarles y a no ser respondones. No deben robarles, sino demostrar que son dignos de toda confianza, para que en todo hagan honor a la enseñanza de Dios nuestro Salvador.
>
> *(Tit 2.9–10)*

Se dice que Mahatma Gandhi afirmó que si los cristianos de la India estuvieran dispuestos a vivir como Jesús (a cuyas enseñanzas se sentía muy atraído), no habría seguidores del hinduismo. Lo que buscó decir es que hay un abismo de credibilidad entre lo que Jesús enseñó y vivió y las vidas de sus supuestos seguidores. Asimismo, sugirió que el cristianismo por sí mismo carece del poder de convertir a la gente, pero que podría tenerlo si su mensaje cristiano marchara a la par de su estilo de vida cristiano.

Ninguna otra escritura

El hecho de que la salvación esté cimentada en la historia bíblica es también la razón por la cual debemos rechazar aquella idea popular en algunos círculos según la cual podemos sustituir el Antiguo Testamento con las escrituras de otras religiones. Explico el argumento. Las personas descubren a veces que su antigua religión las prepara para encontrar la fe en Cristo, en quien encuentran el anhelo que su antigua religión y sus escrituras sembraron en ellas (tengo amigos de la India que me han confesado esto). Así que, si ello es cierto de alguna manera, entonces (se dice que) podemos permitir que las escrituras de las otras religiones operen como adecuadas alternativas culturales frente al Antiguo Testamento, como si fueran una preparación para recibir a Jesús. Así como el Antiguo Testamento preparó el camino para recibir a Cristo en el mundo judío de aquel entonces, las escrituras de otras religiones pueden preparar el camino para recibirlo en el contexto cultural de estas.

Lo dicho anteriormente es una noción muy peligrosa y errada, pues ignora el hecho de que el Antiguo Testamento es imprescindible como Escritura que nos cuenta la historia y declara la promesa que nos conduce hasta Jesús. La única manera de que Él tenga sentido es a la luz de las Escrituras del Antiguo Testamento. Son estas las que nos han dado a conocer el sentido de identidad y misión de Cristo.[4] Con ellas la iglesia primitiva se aventuró al mundo de su época (no solo al ámbito judío, sino también al griego y romano). Una vez que aprendieron a leer el Antiguo Testamento a la luz de Jesús el Mesías (tal como Él les dijo que lo hicieran en Lucas 24.44–47), sus discípulos lo usaron completamente en su misión. Los apóstoles se dedicaban a plantar iglesias, atenderlas y enseñar a los fieles a usar las Escrituras del Antiguo Testamento mucho antes de que los documentos del Nuevo Testamento empezaran a escribirse. Desde las primeras epístolas de Pablo (1 Tesalonicenses y Gálatas), es obvio que los apóstoles enseñaban con mucho ahínco sobre las raíces de su fe cristiana a partir del Antiguo Testamento.

Sin este, la historia de Jesús y la salvación pierde su inicio, su sentido de dirección y su punto culminante. Una perspectiva bíblica respecto a la salvación requiere la perspectiva de toda la Biblia. Ello se debe a que todo el canon de las Escrituras fue creado, fundamentado y

---

4 De esto se trata el argumento principal de mi libro *Knowing Jesus through the Old Testament*.

moldeado por las obras salvíficas de Dios, cuyo punto culminante es la vida, muerte y resurrección de Jesús. Sea cual fuere la fe religiosa y la experiencia anterior de la trayectoria que cualquier persona haga hacia la fe en Jesús como Señor y Salvador, es imperativo que su cosmovisión, su vida, su experiencia o su testimonio personal se centren a partir de este momento en torno al verdadero Jesús bíblico, para que de esta manera sea Él quien se arraigue en la mente y la cultura, para que la transforme y la convierta a Cristo, es decir, para que no simplemente se adapte a Jesús a la forma no reconstruida de la cultura de su alrededor.

Conozco un vigoroso movimiento para la plantación de iglesias ubicado en una zona rural en el norte de la India, con cuyos dirigentes he tenido cierta participación. Este movimiento enfatiza muy firmemente la necesidad de enseñar toda la Biblia incluso a sus más sencillos creyentes, con un programa que incluye las principales narrativas del Antiguo Testamento. Por ello, dedica mucho tiempo a enseñarles con empeño la «historia de la redención» a aquellos que piensan capacitar a nuevos plantadores de iglesias y a nuevos pastores que no tienen mucho tiempo en la fe y que han recibido a su cargo a pequeños grupos de creyentes. No es suficiente que sepan tan solo unos cuantos versículos de la Biblia sin conexión alguna con sus vidas. Más bien, los instructores recalcan con ahínco todo el panorama de la historia de las Escrituras, con sus cuatro grandes movimientos en torno a la creación, la caída, la redención en la historia y la nueva creación. Uno de los dirigentes me comentó lo siguiente: «Nuestra tarea consiste en "remplazar los mitos". Debido a que los hindúes obtienen su visión de la vida a partir de sus grandes mitos e historias de Ram, Krishna y otros, necesitamos lograr que los nuevos creyentes se familiaricen en sumo grado con la gran historia de la Biblia *en su totalidad*, para que así puedan sustituir su antigua visión hinduista y vivan y operen ahora desde la narrativa bíblica. Así que les enseñamos todo el marco referencial bíblico, así como el contenido más profundo de libros específicos». Me parece que este método producirá comunidades cristianas que crezcan no solo numéricamente, sino también en profundidad y firmeza. De este modo, lograrán tener un entendimiento pleno y cimentado en la Biblia respecto al verdadero significado de su salvación, y me parece que este acercamiento refleja con claridad el método de Pablo.

Para reflexionar y debatir

1. «El pacto con Abraham conecta nuestra comprensión de la salvación con nuestra eclesiología y misiología». Debate las repercusiones de esta declaración. ¿De qué manera este capítulo ha logrado reforzar la conexión en tu mente entre tu doctrina de la salvación y tu perspectiva de la iglesia y la misión?

2. Cuando cuentas la historia de la salvación, ¿cuentas solamente la historia de la cruz? ¿Por qué crees que esto no es bíblicamente adecuado, a pesar de que sabemos que la cruz juega un papel central? ¿Cómo debería afectar toda la narrativa bíblica del pacto en torno a la salvación a la manera en que realizamos nuestro ministerio y nos dedicamos a la evangelización?

3. ¿Concuerdas en que es posible afirmar que otras religiones contienen elementos de verdad y bondad y, sin embargo, al mismo tiempo negar que puedan ser vías alternas a la salvación? ¿Por qué razones podemos afirmar lo uno y negar lo otro? ¿Qué diferencia produce esto en la manera en que nos relacionamos con gente de otras religiones?

4. «En ambos Testamentos, una parte extremadamente fundamental del testimonio que el pueblo de Dios debe llevar a cabo respecto a la salvación que Dios logró para ellos es mostrar las pruebas de una *vida transformada*». El testimonio es moral, no tan solo verbal. «Aquellos que no estaban dispuestos a *caminar* por la senda del Señor no tenían la capacidad de *testificar* la senda del Señor». ¿En qué condición se encuentra el testimonio de la iglesia en el lugar donde vives? ¿Refleja la manera en que la iglesia «se conduce» en el mundo, es decir, su obediencia moral a Dios? ¿Cómo puedes contribuir a que los demás cristianos mantengan estos dos aspectos juntos en su manera de pensar y su vida práctica?

Capítulo 5

La salvación
y nuestra experiencia

«¡La salvación viene de nuestro Dios, que está sentado en el trono, y del Cordero!» (Ap 7.10). Hemos estado explorando este versículo como testigo de nuestro experimento; pero no debemos tratarlo como si fuera tan solo un renglón de un credo o declaración de fe. No se trata de una pieza insípida de un ritual o una recitación monótona.

Se nos dice que Juan vio una multitud que batía ramas de palma y que gritaban a gran voz. A continuación, aparece una doxología de parte de los ángeles, los ancianos y los seres vivientes de la visión del apóstol. En otras palabras, *se trata de una celebración*. Quienes han sido salvados entonan un canto. Es la celebración por haber *vivido* la salvación. Es el testimonio de aquellos que saben que Dios los ha salvado y que desean que todo el universo lo sepa.

Por ello, en este capítulo nos centraremos en la salvación como un asunto vivencial. Analizaremos primero la manera en que uno mismo debe recibirla y vivirla, y en segundo lugar, el modo en que la Biblia la describe como un hecho que se pasa a las siguientes generaciones por mediación nuestra.

Vivir la salvación

Cuando Dios te salva, lo sabes. La relación con el Dios de la Biblia, Dios que salva y cumple su pacto, tuvo y tiene el propósito de que su pueblo lo viva y disfrute. La salvación es un asunto de una vivencia celebrativa. Esta celebración de la salvación tiene distintos matices en las Escrituras.

- A veces significa que se celebra algún *testimonio personal reciente* respecto a la manera en que Dios ha llevado a cabo su salvación (como en muchos salmos).
- En otros casos indica que se celebra la *memoria histórica de la colectividad* respecto a los grandes eventos salvíficos que constituyen nuestro conocimiento de Dios como Salvador (como en la historia del Éxodo en el Antiguo Testamento o la cruz en el Nuevo).
- A veces significa celebrar *de antemano* la salvación que anhelamos, por medio de la imaginación de nuestra fe en los cultos a Dios.

Debido a que en la Biblia la salvación siempre está ligada al pacto entre Dios y su pueblo, se vive mediante la relación en ambas direcciones. Es decir, la vivimos por medio de la fe en Dios; pero también junto con todo su pueblo, esto es, con todos aquellos que lo conocen como «nuestro Dios», con todos aquellos a quienes Él ha salvado y con los que salvará. En otras palabras, la salvación es un asunto de creer *y* pertenecer, creer en el Dios que nos salva y pertenecer al pueblo al cual Él salva.

La salvación se vive por medio de la fe

La salvación viene de nuestro Dios y, por lo tanto, nace de su iniciativa y su poder. Por esta razón, se vive de nuestro lado sencillamente por recibirla de manera confiada. Dios es su autor; nosotros tan solo la recibimos. Esto nos ha quedado claro a partir de nuestro punto anterior: que en la Biblia nada ni nadie puede salvar, excepto Dios. De hecho, somos incapaces de salvarnos a nosotros mismos; por ello, si la salvación tiene que darse, debe provenir de Él y debemos recibirla con fe. No contribuimos absolutamente con nada a ella. En asuntos de la salvación, aquel dicho popular según el cual «Dios dice: ayúdate que yo te ayudaré» es exactamente lo opuesto a la verdad. Es todo lo contrario, pues, como dijo William Temple, «todo le pertenece a Dios. Lo único con lo que yo he contribuido a mi salvación es el pecado del cual necesito que se me redima».[1]

---

[1] William Temple, *Nature, Man, and God* (Londres: Macmillan, 1934), p. 401.

En el Antiguo Testamento, a menudo leemos sobre «las súplicas», unas veces de parte de las personas y otras de toda la nación, con lo que se demuestra con claridad la incapacidad propia y la necesidad de ser rescatados. Junto con ello, la salvación se vive por medio del arrepentimiento (darle la espalda al pecado y la rebelión y retornar a Dios, tema favorito de Jeremías) y de un amor temeroso y una obediencia a Dios.

Dice el salmista que la salvación de Dios es para aquellos que lo *invocan*, que le *temen*, que *piden* su ayuda y lo *aman*, aspectos que forman parte de lo que significa confiar en Él. La salvación viene por la fe.

> El Señor está cerca de quienes lo invocan,
>> de quienes lo invocan en verdad.
> Cumple los deseos de quienes le temen;
>> atiende a su clamor y los *salva*.
> El Señor cuida a todos los que lo aman,
>> pero aniquilará a todos los impíos.
>
> *(Sal 145.18–20, las cursivas son mías)*

Isaías, cuyo nombre significa *Yahvé salva*, alcanzó un mayor entendimiento de la salvación de Dios, la cual depende totalmente de una fe que proviene de un corazón humilde y contrito.

> ¡Sí, este es nuestro Dios;
>> en él confiamos, y él nos salvó!
>
> *(Is 25.9)*

> En el arrepentimiento y la calma está su salvación,
>> en la serenidad y la confianza está su fuerza [...]
>
> *(Is 30.15)*

Obviamente, en todo el Nuevo Testamento la salvación se ofrece solo por la gracia de Dios de acuerdo con el arrepentimiento y la fe. Quizá el texto más conocido se encuentra en Efesios, en el que Pablo afirma con toda claridad que es imposible que hagamos alguna obra buena que nos garantice la salvación; pero, habiendo sido salvados por la gracia de Dios por medio de la fe, ciertamente Él nos ha hecho prometer que viviremos vidas que abunden en buenas obras.

> Pero Dios, que es rico en misericordia, por su gran amor por nosotros, nos dio vida con Cristo, aun cuando estábamos muertos en pecados. ¡Por gracia ustedes han sido salvados! Y en unión con Cristo Jesús, Dios nos resucitó y nos hizo sentar con él en las regiones celestiales, para mostrar en los tiempos venideros la incomparable riqueza de su gracia, que por su bondad derramó sobre nosotros en Cristo Jesús. Porque por gracia ustedes han sido salvados mediante la fe; esto no procede de ustedes, sino que es el regalo de Dios, no por obras, para que nadie se jacte. Porque somos hechura de Dios, creados en Cristo Jesús para buenas obras, las cuales Dios dispuso de antemano a fin de que las pongamos en práctica.
>
> *(Ef 2.4–10)*

Somos salvos *por* la gracia, por medio de la fe; somos salvos no *por* las buenas obras, sino *para* ellas. La peculiaridad del evangelio bíblico, es decir, la peculiaridad comparada con otros sistemas religiosos, es que la salvación no es un hecho que nosotros mismos logramos alcanzar, sino algo que tan solo podemos recibir, y la fe es el medio por el cual la recibimos.

En el Nuevo Testamento, la fe se describe incluso como un don de Dios. Cuando los gentiles empezaron a convertirse a Cristo, los primeros discípulos también vieron esto como un don de la gracia de Dios. A su retornó a Jerusalén, Pedro les describió a los discípulos la manera en que Cornelio y su familia habían creído en el evangelio, y se regocijaron todos por esta manifiesta obra de Dios.

> Cuando comencé a hablarles, el Espíritu Santo descendió sobre ellos tal como al principio descendió sobre nosotros. Entonces recordé lo que había dicho el Señor: «Juan bautizó con agua, pero ustedes serán bautizados con el Espíritu Santo». Por tanto, *si Dios les ha dado a ellos el mismo don que a nosotros* al creer en el Señor Jesucristo, ¿quién soy yo para pretender estorbar a Dios?
>
> Al oír esto, se apaciguaron y alabaron a Dios diciendo:

> —¡Así que también a los gentiles *les ha concedido Dios*
> el arrepentimiento para vida!
>
> *(Hch 11.15–18, las cursivas son mías)*

Cuando decimos que la fe es un don de Dios, no queremos dar a entender que no se trata también de la nuestra, esto es, una que ejercitamos deliberadamente; en otras palabras, no tomamos la decisión de confiar en Cristo. Sin embargo, jamás debemos pensar que la fe es como una especie de obra buena por medio de la cual nos ganamos nuestra salvación. Somos salvos por la gracia de Dios *gracias a que* hemos confiado en Él; no solo por haber confiado *en* nuestra propia fe, como si tuviésemos fe en nuestra propia fe.

Cuando un bombero se presenta para rescatarte de un edificio en llamas, con toda alegría decides confiar en él para que te rescate. Has sido rescatado o salvado porque tomaste la decisión de confiar en el bombero, pero es este el que te salva con su fuerza y valentía. Tú has sido salvado *por* la fuerza del bombero *gracias a que* has confiado en él. De la misma manera, somos salvos *por* la gracia de Dios (porque Él es quien salva), *por medio de* nuestra fe (porque somos nosotros los que debemos confiar).

La salvación se vive conjuntamente con el pueblo de Dios

Debido a que la salvación posee características de pacto, hemos sido salvados como parte del pueblo de Dios en su totalidad. Nuestra fe nos conecta con la historia de la obra salvífica de Dios entre su pueblo. Por ello, obviamente, debemos conocer aquella historia de la salvación; pues, para que podamos creer en ella, debemos conocerla, y, para conocerla, necesitamos oírla. Esta es la secuencia que Pablo tiene en mente. En primer lugar, cita a Joel 2.32: «Y todo el que invoque el nombre del Señor escapará con vida»; pero luego procede a preguntar:

> Ahora bien, ¿cómo invocarán a aquel en quien no han creído? ¿Y cómo creerán en aquel de quien no han oído? ¿Y cómo oirán si no hay quien les predique?
>
> *(Ro 10.14)*

Claro que estas preguntas incumben no solo a los israelitas vetero-testamentarios (tal como Pablo lo hace), sino también a los gentiles. Sin embargo, ya sea que incumba a judíos o a gentiles, la salvación proviene del hecho de saber y confiar en lo que Dios ha realizado por ella, lo cual obviamente ahora significa la vida, la muerte y la resurrección de Jesús el Mesías. Debemos conocer la historia de Jesús y confiar en su poder Salvador; pero esta historia es en sí misma el punto culminante en el Antiguo Testamento de la gran historia de la redención.

Esta es la razón por la que en el Antiguo Testamento se enfatiza mucho la constante enseñanza de las grandes tradiciones de la fe de Israel. Luego de conocer estas historias y enseñanzas, se les dijo a los israelitas que amen, confíen y obedezcan al Dios del pacto para que puedan así hacer suyas las bendiciones de sus obras salvíficas en nombre de ellos. Se debe *conocer* al Dios que salva, quien es conocido por medio de la historia de la salvación.

Luego de que Moisés volvió a repetir la historia acerca de cómo Dios liberó a Israel de Egipto y lo protegió durante su travesía por el desierto y le reveló su nombre y su ley en el Sinaí, comentó: «A ti se te ha mostrado todo esto para que *sepas* que el Señor [Yahvé] es Dios, y que no hay otro fuera de él» (Dt 4.35, las cursivas son mías). Los israelitas debían conocer a Dios por medio del conocimiento de la historia por excelencia, para lo cual tenían que contar y volver a contar la historia del Éxodo. Esa era la manera en que debían conocer a Yahvé como el Dios salvador y, por lo tanto, experimentar a sí mismos su salvación.

Igualmente, los cristianos deben contar y volver a contar la historia de la cruz y la resurrección. En aquellos valiosísimos pergaminos de los evangelios, sus autores dedican mucho más espacio a los eventos de la muerte y la resurrección de Cristo que a cualquier otro periodo de su vida. Tenemos cuatro evangelios y cada uno dedica sorprendentemente bastante espacio a la semana final de la vida de Jesús, al día de su muerte y al de su resurrección. Ello nos muestra claramente lo que querían que escuchásemos para nuestra salvación. Esta llega por la fe, y «la fe viene como resultado de oír el mensaje, y el mensaje que se oye es la palabra de Cristo» (Ro 10.17).

Así que nuestra experiencia de la salvación no es tan solo un boleto exclusivo al cielo. No hemos sido salvados porque Dios nos escogió uno a uno y nos ha llevado volando a nuestro paraíso privado. Más bien, ha ocurrido porque hemos ingresado a la historia de la salvación junto con todo el pueblo de Dios, sabiendo que estamos entre el pueblo que Él ha elegido, llamado y redimido, y con el que ha establecido su pacto.

La mediación de la salvación

La mediación de las Escrituras

Como hemos visto, la *historia* de la salvación es de vital importancia. Dios ha obrado para salvar a su pueblo y es imperativo que este conozca los hechos. Pero ¿cómo? Esto nos lleva a considerar el papel clave que juega la Biblia en la mediación de la salvación, porque el registro de los eventos salvíficos se encuentra en ella, en la que tenemos a nuestro alcance el testimonio de quienes los experimentaron de primera mano. Ello se refiere a la generación del Éxodo en el Antiguo Testamento y a aquellos que fueron testigos presenciales de la vida, la muerte y la resurrección de Jesús en el Nuevo. En conjunto, son el pueblo que vivió y presenció las obras salvíficas de Dios. Pudieron verlas y fueron contemporáneos a ellas, es decir, testigos presenciales.

¿Pero qué sucede con las generaciones siguientes? ¿Qué ocurre con todos nosotros? ¿Cómo será posible que ingresemos a aquella experiencia de la salvación tan arraigada en eventos históricos? Si la salvación solo la puede hacer Dios, y en realidad la ha realizado, y si ello sucedió «de una vez para siempre» en la historia, ¿cómo es posible que alguien sea salvo si no estuvo en aquel tiempo y en ese momento?

De hecho, esta pregunta es tan antigua como la propia historia. En realidad, lo que se menciona en estas palabras: «*A ti* se te ha mostrado todo esto para que sepas [...]» (Dt 4.35) no les ocurrió a los oyentes de los discursos de Deuteronomio, ya que ellos pertenecían a la siguiente generación luego del Éxodo. Para estos, así como para nosotros, consistió en conocer la historia para, luego de conocerla, saber lo que ella demuestra acerca de Dios. Luego, con este conocimiento, debían reaccionar ente el Dios que les había sido revelado en aquella historia.

Del mismo modo sucede con nosotros. Recibimos la salvación por conocer la historia de Jesús, esto es, su vida, muerte y resurrección. Luego logramos entender lo que aquella historia demuestra acerca de Dios: su ira contra el pecado y su amor por los pecadores. Después confiamos en el Dios que aquella historia testifica y nos damos cuenta de que es «nuestra», en el sentido de que es una historia *para nosotros*, no solo para aquellos que originalmente la experimentaron y vivieron.

> Quizá no lo sepamos, decirlo imposible es
> Los dolores que tuvo que sufrir,
> *Pero creemos que por nosotros es*
> colgado y destinado a morir.
>
> (C. F. Alexander, 1848, traducción ad hoc)

> He sido crucificado con Cristo, y ya no vivo yo, sino que Cristo vive en mí. Lo que ahora vivo en el cuerpo, lo vivo por la fe en el Hijo de Dios, quien me amó y dio su vida por mí
>
> (Gá 2.20, las cursivas son mías)

Por medio de las Escrituras llegamos a conocer la propia historia, su significado, y al Dios de ella. Solo en la Biblia tenemos a nuestro alcance esta gran descripción de las obras salvíficas de Dios. Por lo tanto, únicamente en ella tenemos la «herramienta» principal e indispensable por cuya mediación la salvación de Dios llega a quienes desesperadamente la necesitan.

Ello nos explica la razón del gran énfasis que en el Nuevo Testamento se deposita sobre *la palabra* en relación con el evangelio de salvación. Definitivamente, no se debe a que esta sea una filosofía conceptual, abstracta y verbalmente sistematizada. En este sentido, no consiste en *simples palabras*. Más bien, se requieren palabras porque la salvación es una narrativa que necesita ser enunciada. Es necesario que proclamemos la salvación debido a que es la buena nueva, porque se trata de hechos que necesitan ser conocidos por todos y nos revelan a Dios, en quien es necesario confiar. Por ello, Jesús nos advirtió que si el diablo llegase a llevarse la *palabra*, los oyentes no podrían creer y ser salvos (Lc 8.12).

Juan acota que las Escrituras, junto con el Padre y Juan el Bautista, testifican sobre Jesús para que quienes busquen puedan obtener la vida. Esta fue una de las maneras en que el evangelista Juan se expresaba respecto a la salvación (Jn 5.31–40). Por su parte, Pablo les recuerda a los corintios la historia fundamental de la Pascua («según las Escrituras») y luego procede a decirles: «Mediante este evangelio», es decir, mediante el conocimiento de aquellos eventos que produce fe (1Co 15.2ss). Asimismo, le dice a Timoteo que incluso el Antiguo Testamento puede darle «la sabiduría necesaria para la salvación mediante la fe en Cristo Jesús» (2Ti 3.15). ¿Por qué? Porque cuenta la historia fundamental de este Dios que salva, una historia que alcanza su punto culminante en Jesucristo el Salvador.

Entonces, la salvación bíblica es inseparable de la palabra bíblica, es decir, de las Escrituras mismas. No es una experiencia meramente subjetiva que proviene de una fe esotérica y una religiosidad individual, pues *está bien informada bíblicamente*. Significa que uno ingresa a *esta* historia, la de *este* Dios que salva el mundo, por medio de *estos* hechos y, en última instancia, mediante *esta* persona, su Hijo, el Mesías, Jesús de Nazaret. Por la mediación de la Biblia nos llega la salvación, y no hay otra manera de que ocurra.

Esta es la razón por la que no se puede sustituir con nada la fe que se predica y se enseña en la Biblia. Se trata de la palabra de vida, del medio principal por el que Dios salva, del conocimiento de lo que Él ha hecho para salvarnos.

La mediación de los sacramentos

Además de por las Escrituras, otra manera en que se logra mediar la experiencia de salvación es por los sacramentos registrados en la Biblia, los cuales debemos obedecer. Es cierto que permanecen como secundarios respecto de la palabra de las Escrituras mismas, pero constituyen un medio importante para comunicar y recibir el significado de la salvación, pues no solo se debe rememorar la historia de ella, sino también volver a representarla de tal modo que conecte a cada generación con el poder viviente de los eventos originales. Claro que ello no significa de ninguna manera que «los volvamos a hacer», como si estuviésemos contribuyendo a nuestra propia salvación por medio de nuestra capacidad religiosa de poderes mágicos. No; Dios es el autor de la salvación, la cual ha cumplido de una vez y para siempre sin necesidad de repetirla o embellecerla. Sin embargo, por medio del drama de los sacramentos, logramos que aquellos eventos que fueron cumplidos «una vez y para siempre» cobren vida para nosotros en el presente.

Para Israel, el más importante sacramento de la salvación era la Pascua anual. En esta celebración familiar, los israelitas (y los judíos hasta el día de hoy) evocaban la historia del Éxodo. Lograban sentir el dolor de la esclavitud y del trabajo extenuante y también las promesas de liberación de parte de Dios a Moisés. Se estremecían al oír las campanadas lúgubres de las plagas que azotaron a los egipcios. Agradecían por la sangre del cordero pascual que logró salvar a sus primogénitos de la muerte. Se quedaban sin aliento al rememorar la apresurada huida de Egipto en medio de la noche y la celebración a orillas del Mar Rojo de la gran liberación de parte de Dios. De esto se trata la historia de la salvación para Israel, la cual debía ser evocada cada año en la misma fecha.

Para los cristianos, los dos sacramentos bíblicos son el bautismo y la comunión (o santa cena o eucaristía). Ambos encarnan la historia de la salvación, aunque, el segundo lo hace de una manera mucho más explícita. El bautismo, que equivale a la circuncisión en el Antiguo Testamento, es la ceremonia de iniciación e incorporación a la comunidad del pacto, al pueblo de Dios por medio de Cristo, y en el Nuevo Testamento, se conecta de varias maneras con la historia bíblica fundamental de la salvación.

> Además, en él fueron circuncidados, no por mano humana, sino con la circuncisión que consiste en despojarse del cuerpo pecaminoso. Esta circuncisión la efectuó Cristo. Ustedes la recibieron al ser sepultados con él en el bautismo. En él también fueron resucitados mediante la fe en el poder de Dios, quien lo resucitó de entre los muertos.
>
> *(Col 2.11–12)*

En este pasaje, Pablo conecta el bautismo cristiano con la circuncisión y al hacerlo establece un puente con la historia original de Abraham (a quien Dios mandó que circuncidara a sus descendientes como señal de pertenencia al pacto, Gn 17). Además, el apóstol afirma que ahora, para nosotros, nuestra identificación con Cristo es una circuncisión espiritual, la cual se lleva a cabo por medio de nuestro bautismo. Luego lo describe como una recreación simbólica de la muerte, la sepultura y la resurrección de Jesús. Al ingresar al agua del bautismo o ser sumergidos en ella, morimos con Cristo, y al salir, resucitamos a una nueva vida con Él. En este sentido, el sacramento nos cuenta la historia de la salvación a aquellos a los que se les ha enseñado su significado (tal como Pablo había enseñado claramente a sus iglesias). Y, a partir de ese momento, quienes por medio del bautismo ingresan a la historia de la salvación deben vivir una nueva vida.

> ¿Qué concluiremos? ¿Vamos a persistir en el pecado para que la gracia abunde? ¡De ninguna manera! Nosotros, que hemos muerto al pecado, ¿cómo podemos seguir viviendo en él? ¿Acaso no saben ustedes que todos los que fuimos bautizados para unirnos con Cristo Jesús en realidad fuimos bautizados para participar en su muerte? Por tanto, mediante el bautismo fuimos sepultados con él en su muerte, a fin de que, así como Cristo resucitó por el poder del Padre, también nosotros llevemos una vida nueva.
>
> *(Ro 6.1–4)*

En otra parte, Pablo compara la experiencia inicial del Israel veterotestamentario con el bautismo. Cuando se refiere a la gran historia del Éxodo y el cruce del Mar Rojo, dirigido por la nube de la presencia de Dios, traza un paralelo de esta manera:

> No quiero que desconozcan, hermanos, que nuestros antepasados estuvieron todos bajo la nube y que todos atravesaron el mar. Todos ellos fueron bautizados en la nube y en el mar para unirse a Moisés.
>
> *(1Co 10.1–2)*

Otros aspectos del simbolismo del bautismo dependen, obviamente, de la historia de la cruz; por ejemplo, hemos sido purificados del pecado (como el agua que limpia el cuerpo) y vivificados por medio de la regeneración (al igual que el agua que da vida). Ambos aspectos se mencionan en Tito 3.5, que probablemente sea una referencia al bautismo.

Sin embargo, la santa cena es el sacramento que con mayor claridad nos vuelve a narrar la historia de la salvación. No solo nos cuenta la historia de la pasión de Cristo, puesto que, debido a que se da en el contexto de la Pascua, conecta la historia de la cruz en el Nuevo Testamento con la historia del Éxodo en el Antiguo y, al hacerlo, combina toda la narrativa bíblica de la salvación en un solo y sencillo drama.

Así que, tal como dijo Jesús, cada vez que comemos el pan y bebemos el vino, lo hacemos en su memoria. Es común que en la experiencia humana se celebren cultos religiosos «en memoria de» alguna persona; pero la característica normal de cualquier culto religioso conmemorativo es celebrar la *vida* o el legado de aquella,[2] por lo que recordamos *la historia de su vida* y las anécdotas que protagonizó. En cambio, lo impresionante y único del culto conmemorativo cristiano en torno a Jesús, es decir, nuestro sacramento de la santa comunión, es que se concentra exclusivamente en su *muerte*, porque es en ella donde tenemos salvación y perdón de los pecados. En este sentido, por sobre todo, debemos contar la historia de la cruz en el sacramento de la salvación, ya que Jesús entregó su cuerpo y derramó su sangre por nosotros y por muchos otros para el perdón de los pecados. Esto es lo que recordamos y declaramos cada vez que tomamos el pan y bebemos el vino.

Estos sacramentos son más que tan solo actos conmemorativos de los eventos que celebran, pues, cuando nos reunimos para celebrarlos, entramos en una especie de máquina bidireccional del tiempo. En primer lugar, esta máquina del tiempo sacramental nos transporta al mundo bíblico, «como si estuviésemos allí». Cada generación de israelitas y judíos decía de sí mismos: «En Egipto *nosotros* éramos esclavos del faraón, pero el Señor *nos* sacó de allá con gran despliegue de fuerza» (Dt 6.21). Igualmente, cada cristiano puede oír las palabras de Jesús la noche de la última cena como si se las dirigiese a él o ella: «Este

---

[2] Nota del traductor: Espero que el lector comprenda que hay cuestiones culturales que son casi imposibles de traducir del inglés al español. Por ejemplo, por la avasalladora influencia de la cultura anglosajona y el idioma inglés en las iglesias evangélicas, es muy común la expresión «servicio memorial» (*Memorial Service*), pero esta carece de sentido. Lo que culturalmente tenemos es la misa conmemorativa y por ello debe ser preferible a la expresión «culto conmemorativo».

pan es mi cuerpo, que por *ustedes* entrego». Es como si estuviéramos allí, presenciando este evento junto con todos los demás que se encontraban presentes. Los sacramentos, por así decirlo, disuelven los muros de la historia y nos permiten regresar a aquel momento salvífico. «¿Estabas allí cuando crucificaron a mi Señor?», dice uno de los cantos espirituales negros[3]. Desde una perspectiva sacramental y teológica, podemos responder que sí.

En segundo lugar, el sacramento nos trae los hechos del pasado «como si sucediesen ahora». La máquina sacramental del tiempo nos trae del pasado al presente los efectos y el poder de la obra original, irrepetible y final de Dios. Aquella historia vuelve a vivir en nuestra imaginación y fe. Los israelitas logran revivir la experiencia de la liberación en el Éxodo. Asimismo, los cristianos pueden sentir una vez más la gracia y la sangre purificadora de la cruz y dan gracias por su poder en el presente.

En la santa comunión de los cultos anglicanos, las palabras que se le dicen a cada persona que está a punto de recibir el pan y el vino manifiestan el aspecto pasado y presente del sacramento.

- Palabras que se refieren *al pasado*:
  «El cuerpo de nuestro Señor Jesucristo, que fue dado por ti [...]
  La Sangre de nuestro Señor Jesucristo, que fue derramada por ti [...]
  Toma y come en memoria de Cristo que murió por ti [...]
  Bebe en memoria de la sangre de Cristo que fue derramada por ti [...]».
- Palabras que traen los efectos de la sangre de Cristo *al presente:*
  «... y en tu corazón, por medio de la fe y con agradecimiento, toma estos elementos [ahora]
  [...] y da gracias a Dios».

Existe incluso un sentido en el que el sacramento de la comunión dirige nuestros pensamientos hacia el futuro, porque, como dice Pablo, «cada

---

[3] NOTA DEL EDITOR: «Los espirituales negros eran los cantos de un pueblo oprimido y esclavizado que de alguna manera, descubrieron en los textos bíblicos esperanza y consuelo». https://www.gospelbilbao.es/?page_id=285 (Consultado el 9 de noviembre de 2022).

vez que comen este pan y beben de esta copa, proclaman la muerte del Señor *hasta que él venga*» (1Co 11.26), lo que posiblemente sea un reflejo de estas palabras de Jesús: «Les digo que no volveré a beber del fruto de la vid hasta que venga el reino de Dios» (Lc 22.18). Así que nuestra máquina sacramental del tiempo también nos transporta hacia el futuro como anticipación del día en que el Señor regrese y culmine nuestra salvación.

Entonces, nosotros los creyentes recibimos la experiencia de la salvación por mediación de leer y escuchar las palabras de las Escrituras y por nuestra participación en los sacramentos que celebran las obras salvíficas de Dios. La Biblia nos cuenta la historia y los sacramentos que la representan. Depositamos nuestra fe en el Dios que se ha revelado en la historia, y confiamos en lo que ha hecho para salvarnos y renovamos nuestra fe de manera constante por medio de nuestra participación en los sacramentos como «medios de gracia». Obviamente, esto no significa que estos sean por sí mismos unos medios mecánicos que nos dispensen gracia, la cual se recibe por la fe en Cristo, como cuando «nos alimentamos de Él en nuestros corazones por la fe y con agradecimiento». Los sacramentos por sí mismos no nos salvan, pero son señales que nos indican dónde está el Dios que nos salva por su gracia. Permiten que nuestra fe se *concentre* y nos recuerdan los eventos salvíficos que cimentan nuestra fe y la Persona en quien la hemos depositado.

La seguridad de la salvación

Quizá pensemos que todo va de maravillas para los santos en la gloria, los que aparecen en la visión de Juan en el Apocalipsis, quienes celebran y cantan acerca de la salvación porque ya la han alcanzado. Pero ¿qué sucede con el resto de nosotros? ¿Qué acontece en el presente? ¿Podemos regocijarnos de la misma manera, no porque ya hayamos recibido todo lo que conlleva la salvación que Dios nos ha dado, sino porque podemos estar completamente seguros de ella? ¿Realmente podemos estar seguros de todo ello? ¿Podemos tener, según la antigua manera de expresarse de los cristianos, «la seguridad de la salvación»? Sin lugar a dudas, la respuesta de la Biblia es un firme «sí».

La seguridad proviene de la objetividad de la historia[4]

El primer cimiento para nuestra seguridad de la salvación es el que hemos estado enfatizando en este libro: que no es algo que hacemos, sentimos, imaginamos, anhelamos o alcanzamos por nosotros mismos. Si fuese así, con toda razón podríamos dudar de si hemos hecho lo suficiente para alcanzar la salvación o quizá nos obsesionemos porque no «sentimos» que somos salvos. Pero la Biblia afirma con toda claridad que Dios ya ha llevado a cabo la salvación, lo que significa que está cimentada en la objetividad del relato bíblico. Cuando uso la palabra «objetividad», me refiero a que es algo separado e independiente de nosotros.

En la Biblia, la historia de la salvación es un relato de los hechos y eventos históricos. Se trata de asuntos que «han sucedido», ya sea que hayas optado por creer en ellos o no. Dios eligió y llamó a Abraham; Dios libró a Israel del yugo de Egipto; Dios envió a su Hijo al mundo; Jesús de Nazaret nació, vivió y murió en la cruz; Dios lo resucitó de la muerte. En estos eventos, tal como Pablo afirma, «en Cristo, Dios estaba reconciliando al mundo consigo mismo» (2Co 5.19). Por ello, el Credo apostólico, al sintetizar la esencia de la fe cristiana, reafirma los hechos históricos. Jesucristo nació «de la virgen María, sufrió bajo Poncio Pilato, fue crucificado, muerto y sepultado [...]».

---

[4] NOTA DEL TRADUCTOR: Aquí me veo en la necesidad de aclarar el término «objetividad» porque sospecho que no es claro para muchos lectores. El encabezado original en inglés dice *Assurance comes from the objectivity of the story*, el cual he traducido tal como aparece arriba. Hay dos problemas con esta frase inglesa. El primero se relaciona con *story*. En el idioma inglés hay dos términos que se usan con mucha frecuencia y que, aunque a vista del lector hispano parecen significar lo mismo, no lo son: *history* y *story*. El primero indica la historia, tal y cual la definimos en español (eventos documentados a lo largo del tiempo). El segundo significa un relato, que puede ser ficción o basado en la realidad. El segundo término, *objectivity*, señala información que refleja la realidad. Entonces, sucintamente, lo que el encabezado nos dice es que la seguridad de la salvación no proviene de algún texto de historia que algún autor humano haya escrito según su parecer, sino de los hechos fehacientes del relato bíblico, es decir, nuestra fe está cimentada en el «relato» de las Escrituras. Obviamente, esta breve nota no pretende explicar todo en torno a este tema. Ya desde el siglo XIX la erudición alemana había hecho la distinción artificial entre historia y relato (*historie y geschichte*), la cual pasó a las lenguas germánicas como el inglés.

Así que la seguridad de la salvación no proviene de la confianza que yo tenga en mi propia fe y para mi propio bien, sino de la que yo tengo en el objeto de mi fe, es decir, en lo que Dios en realidad ha hecho para lograr mi salvación.

Para entender esto, podemos recurrir a una ilustración anterior: si necesitas que se te rescate de un edificio en llamas, puedes tener seguridad de la salvación gracias a los hechos objetivos. Los bomberos han llegado al lugar del incendio, la escalera ha sido colocada contra el edificio y se ha desplegado hasta alcanzar la ventana donde te encuentras, el bombero ha subido por la escalera, el bombero está ahora en la ventana y te ofrece rescatarte. Esos hechos que salvarán tu vida son objetivos allí mismo, ya sea que los aproveches o los rechaces. Obviamente, estarías loco si negaras que el bombero está en ese lugar para rescatarte y que por eso debes confiar en él; pero los hechos siguen siendo objetivos, ya sea que decidas confiar o no. Los medios de salvación te han sido alcanzados y, cuando decidas creer (tener fe) y dejar que el bombero te lleve a cuestas, podrás tener la seguridad de que a partir de ese momento estarás a salvo.

Supongamos que pudieras retroceder al Antiguo Testamento y preguntarle a algún agricultor israelita si es salvo y cómo puede estar seguro de ello. De seguro que se sentaría un momento y te relataría cómo Dios liberó a su pueblo y le entregó el don de la tierra. El relato consistiría en hechos objetivos, monumentales y tangibles que constituyen su conocimiento de la redención. Deberás escuchar cada año lo que el agricultor tiene que decirte. A continuación, aparecerá una confirmación de la salvación, la cual resonará positivamente con un sentido de seguridad y alegría, todo ello basado en hechos históricos. Con esto quiero dar a entender que nuestra seguridad yace en la objetividad del relato de la salvación.

> Cuando hayas entrado en la tierra que el Señor tu Dios te da como herencia, y tomes posesión de ella y te establezcas allí, tomarás de las primicias de todo lo que produzca la tierra que el Señor tu Dios te da, y las pondrás en una canasta. Luego irás al lugar donde el Señor tu Dios haya decidido habitar, y le dirás al sacerdote que esté oficiando: «Hoy declaro, ante el Señor tu Dios, que he entrado en

la tierra que él nos dio, tal como se lo juró a nuestros antepasados».

El sacerdote tomará de tus manos la canasta y la pondrá frente al altar del Señor tu Dios. Entonces tú declararás ante el Señor tu Dios:

«Mi padre fue un arameo errante, y descendió a Egipto con poca gente. Vivió allí hasta llegar a ser una gran nación, fuerte y numerosa. Pero los egipcios nos maltrataron, nos hicieron sufrir y nos sometieron a trabajos forzados. Nosotros clamamos al Señor, el Dios de nuestros padres, y él escuchó nuestro ruego y vio la miseria, el trabajo y la opresión que nos habían impuesto. Por eso el Señor nos sacó de Egipto con actos portentosos y gran despliegue de poder, con señales, prodigios y milagros que provocaron gran terror. Nos trajo a este lugar, y nos dio esta tierra, donde abundan la leche y la miel. Por eso ahora traigo las primicias de la tierra que el Señor tu Dios me ha dado».

Acto seguido, pondrás la canasta delante del Señor tu Dios, y te postrarás ante él. Y los levitas y los extranjeros celebrarán contigo todo lo bueno que el Señor tu Dios te ha dado a ti y a tu familia.

(Dt 26.1–11)

En la iglesia de Corinto, Pablo tuvo que encarar una falta de confianza. Los creyentes de ese lugar estaban preocupados por la resurrección de algunos de los cristianos que habían muerto o incluso se cuestionaban su propia resurrección futura. Hubo una pérdida de confianza. Pablo decidió corregir esto con una fuerte serie de argumentos que se extienden hasta 1 Corintios 15; pero es claro a vista de todos que, en principio, decidió empezar en el mismo lugar donde lo hizo el agricultor israelita, recitando los hechos en los que se basa la salvación, esto es (obviamente, según la terminología del Nuevo Testamento), los sucesos del evangelio en torno a la muerte y la resurrección de Jesús. Y de manera importante, afirma: «*Mediante este evangelio son salvos*, si se aferran a la palabra que les prediqué» (1Co 15.2). En otras palabras, los hechos fehacientes del evangelio están a vista de todos; tu salvación es posible gracias a los hechos del evangelio; debes atesorarlos por causa de tu propia seguridad y esperanza. El mismo Pablo lo describe así:

> Ahora, hermanos, quiero recordarles el evangelio que les prediqué, el mismo que recibieron y en el cual se mantienen firmes. Mediante este evangelio son salvos, si se aferran a la palabra que les prediqué. De otro modo, habrán creído en vano.
>
> Porque ante todo les transmití a ustedes lo que yo mismo recibí: que Cristo murió por nuestros pecados según las Escrituras, que fue sepultado, que resucitó al tercer día según las Escrituras, y que se apareció a Cefas, y luego a los doce. Después se apareció a más de quinientos hermanos a la vez […]
>
> *(1Co 15.1–6)*

La seguridad proviene de las promesas de Dios

La segunda principal fuente de la seguridad de la salvación proviene de recordar las palabras de nuestro texto testigo: «La salvación viene de *nuestro Dios*». Y nuestro Dios es aquel que «nos ha entregado sus preciosas y magníficas promesas» (2P 1.4). Así que la seguridad nace del conocimiento del Dios de las promesas y del hecho de confiar en estas.

Por supuesto, este fue el caso del Antiguo Testamento. Obviamente, Abraham es un gran ejemplo de confianza en la promesa de Dios, pues su fe fue igual de fuerte que su obediencia. ¿Cómo pudo Abraham estar seguro de ello? La Epístola a los Hebreos nos dice que Dios no solo hizo una promesa, sino que la basó en su propio honor, es decir, por medio de un juramento respecto a su propia existencia, pues sus promesas son tan seguras como ella, ya que es imposible que falle y no las cumpla sin que deje de ser Dios. Y si lo segundo es impensable, lo primero también lo es. Así lo expresa Hebreos:

> Cuando Dios hizo su promesa a Abraham, como no tenía a nadie superior por quien jurar, juró por sí mismo, y dijo: «Te bendeciré en gran manera y multiplicaré tu descendencia». Y así, después de esperar con paciencia, Abraham recibió lo que se le había prometido.

Los seres humanos juran por alguien superior a ellos mismos, y el juramento, al confirmar lo que se ha dicho, pone punto final a toda discusión. Por eso Dios, queriendo demostrar claramente a los herederos de la promesa que su propósito es inmutable, la confirmó con un juramento. Lo hizo así para que, mediante la promesa y el juramento, que son dos realidades inmutables en las cuales es imposible que Dios mienta, tengamos un estímulo poderoso los que, buscando refugio, nos aferramos a la esperanza que está delante de nosotros. Tenemos como firme y segura ancla del alma una esperanza que penetra hasta detrás de la cortina del santuario [...]

(Heb 6.13–19)

Notemos la manera en que el autor de Hebreos convierte el ejemplo de Abraham en algo pertinente para nosotros cuando afirma al final del pasaje que nosotros también podemos tener aquella ancla firme y segura de nuestra fe gracias al carácter y la promesa de Dios. Claro que Hebreos 11 añade, junto con Abraham, a muchos otros grandes hombres y mujeres de la fe, nombrados y anónimos, que aparecen en el Antiguo Testamento y cuya fe en las promesas de Dios les dio seguridad de aquella salvación que aún no había visto. La seguridad proviene de la fe en las promesas de Él.

Algunos de los más potentes salmos son aquellos que manifiestan confianza en las promesas de Dios, incluso cuando la situación se torna desesperada. Hay muchos ejemplos, pero mi favorito es el salmo 27 porque respira seguridad de salvación que se fundamenta en la confianza en la persona, el carácter y la promesa de Dios.

El Señor es mi luz y mi salvación;
    ¿a quién temeré?
El Señor es el baluarte de mi vida;
    ¿quién podrá amedrentarme? [...]
Pero de una cosa estoy seguro:
    he de ver la bondad del Señor
    en esta tierra de los vivientes.

(Sal 27.1, 13)

En el Nuevo Testamento los apóstoles ruegan repetidamente a sus lectores que tengan confianza en la promesa de Dios para que de esta manera logren disfrutar la seguridad de la salvación. Por ejemplo, se refiere a la forma en que el poder de Dios nos protege para nuestra salvación mientras ella nos aguarda en el cielo; es decir, se nos «protege» doblemente, por lo que tenemos doble seguridad. Pedro lo explica de este modo:

> … y recibamos una herencia indestructible, incontaminada e inmarchitable. Tal herencia está reservada en el cielo para ustedes, a quienes el poder de Dios protege mediante la fe hasta que llegue la salvación que se ha de revelar en los últimos tiempos.
>
> *(1P 1.4–5)*

Por esta razón, podemos tener la plena seguridad de la salvación mientras aguardamos, creyendo en el Cristo que no hemos visto y, por tanto, confiados en la salvación que es nuestra.

> Ustedes lo aman a pesar de no haberlo visto; y, aunque no lo ven ahora, creen en él y se alegran con un gozo indescriptible y glorioso, pues están obteniendo la meta de su fe, que es su salvación
>
> *(1P 1.8–9)*

Es probable que el pasaje más conocido acerca de la seguridad de la salvación sea el del final de Romanos 8, que se basa en todo el argumento de Pablo en torno a la fidelidad de Dios a su promesa y todo lo que ha logrado en Cristo para cumplirla.

> Ahora bien, sabemos que Dios dispone todas las cosas para el bien de quienes lo aman, los que han sido llamados de acuerdo con su propósito. Porque a los que Dios conoció de antemano, también los predestinó a ser transformados según la imagen de su Hijo, para que él sea el primogénito entre muchos hermanos. A los que predestinó, también los llamó; a los que llamó, también los justificó; y a los que justificó, también los glorificó…

¿Quién nos apartará del amor de Cristo? ¿La tribulación, o la angustia, la persecución, el hambre, la indigencia, el peligro, o la violencia? Así está escrito:

«Por tu causa siempre nos llevan a la muerte;

¡nos tratan como a ovejas para el matadero!»

Sin embargo, en todo esto somos más que vencedores por medio de aquel que nos amó. Pues estoy convencido de que ni la muerte ni la vida, ni los ángeles ni los demonios, ni lo presente ni lo por venir, ni los poderes, ni lo alto ni lo profundo, ni cosa alguna en toda la creación podrá apartarnos del amor que Dios nos ha manifestado en Cristo Jesús nuestro Señor.

(Ro 8.28–30, 35–39)

La seguridad proviene del testimonio y la obra del Espíritu Santo

Sería desafortunado que las dos anteriores secciones hayan dado la impresión de que la seguridad de la salvación es solo un asunto de conocer algunos hechos objetivos y creer en algunas promesas divinas, como si todo se relacionara con el contenido de nuestras mentes, con estar de acuerdo cognitivamente con ciertas afirmaciones. ¿Acaso no hay nada que podamos sentir de manera subjetiva? ¿Acaso no existe también una *experiencia* profunda, personal, interna, emocional y espiritual en torno a la salvación? ¿Acaso no se supone también que debo *sentir* que soy salvo? Obviamente, la respuesta es un rotundo y alegre «¡sí!».

Ha sido muy importante en las secciones anteriores recalcar la naturaleza objetiva de la salvación bíblica, precisamente porque hay tantas ideas populares que piensan tan solo en las dimensiones internas, personales o místicas cuando se refieren a la «salvación». Pero, tal como dijimos, a uno no lo rescatan de un edificio en llamas solo por sentirse a salvo subjetivamente, sino por confiar en lo que los bomberos harán para salvarlo, pues la salvación no se basa en las emociones, sino en los hechos. Es bueno y aconsejable sentir que uno es salvo, pero no hemos sido salvados porque nos hemos sentido salvados, sino por lo que Dios ha hecho. Sin embargo, hay un aspecto interno, personal y subjetivo en torno a la salvación, y la Biblia tiene mucho que decir al respecto.

En este aspecto es donde ella enfatiza el papel que juega el Espíritu Santo en la salvación. Ya hemos mencionado que el arrepentimiento y la fe se describen en el Nuevo Testamento como dones de la gracia de Dios, pues ambos se relacionan con el Espíritu Santo. Jesús dijo que la obra del Espíritu Santo consistiría en convencer al mundo de su error «en cuanto al pecado, a la justicia y al juicio» (Jn 16.8–10), y en Hechos el don de la fe en Jesús viene acompañado del don del Espíritu Santo (p. ej., Hch 10.44–48; 11.15–18). Así que la obra del Espíritu Santo es convencer a la gente acerca de la verdad del evangelio y materializar en sus corazones la respuesta correcta frente a las buenas nuevas de Jesús para que logre experimentar la salvación.

Entonces, una vez que hayamos logrado aquella nueva relación con Dios por medio de Cristo, el Espíritu Santo testificará en nuestras mentes y corazones que ello realmente ha sucedido, que ciertamente hemos nacido de nuevo y que ahora somos hijos de Dios. De una manera objetiva, Él nos ha hecho hijos y herederos,[5] pero es el Espíritu el que nos da la seguridad interna de que ello así ha sucedido. Y nuestra vida de oración, en la que llamamos a Dios «Abba Padre», tal como lo hizo Jesús, confirma aquella relación.

> Y ustedes no recibieron un espíritu que de nuevo los esclavice al miedo, sino el Espíritu que los adopta como hijos y les permite clamar: «*¡Abba!* ¡Padre!*»* El Espíritu mismo le asegura a nuestro espíritu que somos hijos de Dios. Y, si somos hijos, somos herederos; herederos de Dios y coherederos con Cristo, pues, si ahora sufrimos con él, también tendremos parte con Él en su gloria.
>
> *(Ro 8.15–17)*

En su primera epístola, Juan manifiesta su preocupación por dar a sus lectores la mayor seguridad respecto a su salvación, y es interesante ver

---

5 Obviamente, somos «hijos e hijas de Dios». Pero, cuando Pablo usa la palabra «hijos», tiene en mente los derechos de heredad que pertenecen al primogénito o al esclavo que fue adoptado para ocupar el lugar del primogénito. Por lo tanto, en su metáfora, ya sea hombre o mujer, hemos sido adoptados a la categoría de «hijo y heredero». El punto gira en torno al estado que tenemos en Cristo y no al asunto del género.

que entrelaza muy bien los hechos objetivos de Jesucristo y la experiencia subjetiva del amor de Dios, el amor por los demás cristianos y el don del Espíritu Santo. A continuación, ofrezco un pasaje característico; sin embargo, toda la epístola debería leerse siguiendo esta pauta.

> ¿Cómo sabemos que permanecemos en él, y que él permanece en nosotros? Porque nos ha dado de su Espíritu. Y nosotros hemos visto y declaramos que el Padre envió a su Hijo para ser el Salvador del mundo. Si alguien reconoce que Jesús es el Hijo de Dios, Dios permanece en él, y él en Dios. Y nosotros hemos llegado a saber y creer que Dios nos ama.
>
> *(1Jn 4.13–16)*

Claro que todo ello nos conduce de una manera natural a añadir el hecho de que el amor es el primer fruto del Espíritu Santo (Gá 5.22–26). Así que otro aspecto de nuestra seguridad de la salvación proviene de la manera en que nuestras vidas, por medio de la obra del Espíritu Santo, son cambiadas cada vez más a la imagen de Cristo. Una vez que empecemos a producir los frutos del Espíritu y a llevar a la práctica sus dones y a «vivir por el Espíritu» (lo cual significa vivir una vida transformada que moralmente agrade a Dios y sea de bendición para el prójimo), entonces lograremos una mayor seguridad de la salvación, porque las pruebas que ella muestra en nuestro diario vivir se pueden corroborar a simple vista.

Para reflexionar y debatir

1. ¿Se te ocurren otros ejemplos locales que muestren con claridad la diferencia entre ser salvo *por* gracia y al mismo tiempo ser salvo *por medio de* la fe?

2. ¿Hay algún peligro en tu contexto en el que algunos evangelistas y pastores ofrecen promesas de salvación y todas las bendiciones que esta incluye sin que les importe que sus enseñanzas se fundamenten claramente en las Escrituras y en la profundidad de la historia bíblica de la salvación? ¿Cuáles son las consecuencias de esta manera deficiente de predicación? ¿Cómo se puede corregir esto?

3. A partir de tu lectura de este capítulo, ¿cómo podrías ofrecer ayuda a alguien que dice que siente que jamás podrá realmente estar seguro de su salvación?

Capítulo 6

La salvación
y la soberanía de Dios

A lo largo de este libro, nuestros pensamientos se han concentrado en la celebración de aquella humanidad redimida del Apocalipsis que exclama que «la salvación viene de nuestro Dios», seis palabras de las cuales hemos explorado varios aspectos de su efecto sonoro en el pensamiento bíblico. Sin embargo, no se detiene allí, pues añade que esa salvación proviene de nuestro Dios «*que está sentado en el trono*».

Claro que esto no debería causar sorpresa alguna, dado que el trono de Dios es la pieza central de toda la acción en la gran visión de Juan en Apocalipsis 4–7. ¿Qué se ubica en el centro del universo, al cual vemos como una serie de círculos concéntricos de seres humanos, ángeles y criaturas que adoran? En el centro se ubica un trono. ¿Y quién está en aquel trono? Dios Todopoderoso. ¿Y qué hace allí? Gobierna toda la creación y la historia, las cuales yacen expuestas frente a su mirada. Se trata de la sede del gobierno cósmico. Es el trono de Dios.

Así que la salvación viene del Dios que gobierna todo lo existente en la creación y todo lo que sucede en la historia. La salvación le pertenece al soberano Dios.

Como ya hemos visto de muchas maneras, las Escrituras del Antiguo Testamento ofrecen gran parte del trasfondo, como las imágenes y la terminología del lenguaje y las visiones de libro del Apocalipsis. Isaías 6 y Ezequiel 1, por ejemplo, describen a Yahvé sentado en su trono con una gloriosa postura de gran autoridad. Es probable que ambos hayan influenciado la visión de Juan en esta parte.

De este modo, el canto de la *salvación de Dios* es también un canto respecto a su *soberanía*. ¿Cuál es el significado de esta conexión? Por lo menos podemos mencionar cuatro aspectos. Debemos considerar la soberanía de Dios en la salvación en relación con nuestro entendimiento de la misión, el destino escatológico de las naciones, el destino de los que no han sido evangelizados y el alcance de la seguridad pastoral.

La soberanía de Dios y la misión

El Dios al que le pertenece el universo y lo gobierna

Una de las más sorprendentes afirmaciones acerca de Yahvé, Dios de Israel, aparece en Deuteronomio 10.14–19. Estos seis versículos se organizan en dos secciones de tres, siguiendo un mismo modelo, que explicamos a continuación.

- Primero, una afirmación en forma de himno que contiene una verdad acerca de Yahvé.
- Segundo, un contraste inesperado.
- Tercero, una respuesta de parte del pueblo de Dios.

Es útil que coloquemos estas dos secciones de manera paralela.

[14] Al Señor tu Dios le pertenecen los cielos y lo más alto de los cielos, la tierra y todo lo que hay en ella.	[17] Porque el Señor tu Dios es Dios de dioses y Señor de señores; Él es el gran Dios, poderoso y terrible, que no actúa con parcialidad ni acepta sobornos.
[15] Sin embargo, Él se encariñó con tus antepasados y los amó; y a ti, que eres su descendencia, te eligió de entre todos los pueblos, como lo vemos hoy.	[18] Él defiende la causa del huérfano y de la viuda, y muestra su amor por el extranjero, proveyéndole ropa y alimentos.
[16] Por eso, despójate de lo pagano que hay en tu corazón, y ya no seas terco.	[19] Asimismo, debes mostrar amor por los extranjeros, porque también tú fuiste extranjero en Egipto.

El versículo 14 declara que a Yahvé Dios de Israel le *pertenece* el universo. El 17 afirma que Yahvé Dios de Israel *gobierna* el universo. Se trata de abrumadoras afirmaciones, y cada una de ellas acarrea inmensas consecuencias en lo que respecta a la misión. Pero, antes de considerarlas, es importante que notemos primero que estos versículos también hablan acerca de la salvación. Es decir, se refieren al amor que Dios tiene por Israel (v. 15) y la redención de Israel del yugo egipcio (v. 19). Sin embargo, el amor redentor de Dios por Israel se ubica con toda claridad en el contexto de la soberanía de Dios sobre todo el universo. La riqueza de estos versículos combina en tan breve espacio la universalidad y la particularidad de Dios.

- El Dios de todo el universo es el Dios que ha salvado a su pueblo en particular.
- Asimismo, el Dios que ama y salva a su pueblo en particular es el Dios soberano de todo lo existente.

Se trata de una doble perspectiva que permite a los redimidos proclamar en Apocalipsis 7.10 que *nuestro* Dios *está sentado en el trono*. Él posee esta relación salvífica particular con *nosotros*, su pueblo, pero, al mismo tiempo, gobierna a *todos*.

Es necesario asirse a ambos polos de esta doble afirmación bíblica. Por un lado, no debemos enfatizar la soberanía universal de Dios de una manera tal que disuelva el carácter único y particular de su obra salvadora por Israel y por su pueblo que está en Cristo. Ello nos llevaría a una especie de universalismo que ciertamente no sería bíblico: afirmar que todos serán salvos sin importar si creen o no. Pero, por otro lado, no debemos enfatizar el carácter único de nuestra relación salvífica con «nuestro Dios» de modo tal que terminemos «apresándolo» y limitándolo a nuestros propios límites eclesiásticos, como si Él no fuese el soberano Dios de todas las naciones, de toda la historia y de toda la creación. Dios es dueño de la salvación. Nosotros no somos dueños de Dios.

Volviendo ahora a las consecuencias de aquellas dos abrumadoras afirmaciones, pensemos en las consecuencias de saber que a Dios le pertenece el universo (v. 14) y que su soberanía es cósmica (v. 17).

(1) A Dios le pertenece el universo

Deuteronomio 10.14 ofrece la misma abrumadora afirmación que encontramos también en los salmos 24.1 y 95.4–5. Todo lo que hay en la creación le pertenece a Dios nuestro Señor. No existe absolutamente nada en ella que no le pertenezca. No hay nada en el universo que sea de otro supuesto dios.

Todo ello tiene consecuencias morales, porque si la tierra es del Señor, entonces no nos pertenece. En el único sentido que podríamos decir que nos pertenece es en calidad de inquilinos de Dios. Él sigue siendo el dueño y por ello nos exige responsabilidad plena por el uso y el trato que le damos. Hay, por lo tanto, una dimensión ecológica en el significado de este pasaje. La tierra es propiedad de Dios, por lo que debemos tener mucho cuidado en cómo tratamos la propiedad del dueño divino.

Pero también hay consecuencias *misiológicas*, porque lo mismo se dice de Jesucristo, pues toda la creación le pertenece en calidad de su creador, sustentador y heredero de todo (Col 1.15–18; Heb 1.2). Esto significa que cada vez que vamos en nombre de Cristo llevando las buenas nuevas de la salvación, nos adentramos en su propiedad. No existe ni un centímetro del planeta que no le pertenezca por derecho propio. Así, cualquier poder o influencia que Satanás y sus demonios tengan sobre lugares o gente ha sido usurpado, es ilegítimo, falso y, en última instancia, está destinado al fracaso. El universo le pertenece al Señor Jesucristo.

(2) La soberanía de Dios es cósmica

Deuteronomio 10.17 complementa el versículo 14. No solo se trata de que el Señor Dios haya creado todo el universo y que, por lo tanto, sea dueño de este, sino que también es la suprema autoridad de todos los poderes y las fuerzas de la creación, ya sean físicas o espirituales. Yahvé es Señor y Dios de todo ello; Él gobierna todo lo existente y rige todo lo que acontece.

Esto también tiene consecuencias misiológicas, porque en el Nuevo Testamento se afirma lo mismo de Jesús, quien, con mucha calma, dice: «Se me ha dado toda autoridad en el cielo y en la tierra» (Mt 28.18). Asimismo, Apocalipsis recurre a la terminología del Antiguo Testamento y la aplica directamente a la victoria de Jesús: «… pero el Cordero los vencerá, porque es Señor de señores y Rey de reyes» (Ap 17.14). Sean cuales fueren las afirmaciones que se hagan en relación con otros supuestos señores y dioses, Pablo dice al respecto:

> Pues, aunque haya los así llamados dioses, ya sea en el cielo o en la tierra (y por cierto que hay muchos «dioses» y muchos «señores»), para nosotros no hay más que un solo Dios, el Padre, de quien todo procede y para el cual vivimos; y no hay más que un solo Señor, es decir, Jesucristo, por quien todo existe y por medio del cual vivimos.
>
> *(1Co 8.5–6)*

Estas tremendas afirmaciones resaltan a la vista no solo contra los problemas en torno a la carne y los ídolos en la antigua Corinto, sino también contra el relativismo y pluralismo religioso de nuestro mundo contemporáneo.[1]

Así que tenemos la autoridad plena de testificar la salvación que Dios ha hecho efectiva en Cristo para el mundo, porque la que proclamamos es la salvación que pertenece a Dios, que está en su trono. Nuestro mensaje y nuestra misión reciben el apoyo de su nombre y su autoridad. Fluye del señorío de Cristo, de quien el Nuevo Testamento afirma que está en la misma posición que Yahvé, dueño y soberano de la tierra.

El Dios que invoca a todas las naciones a la salvación

Otro pasaje que es probable que haya provisto la referencia específica para nuestro versículo de Apocalipsis se encuentra en Isaías 40.22.

> Él reina sobre la bóveda de la tierra,
>> cuyos habitantes son como langostas.

---

[1] Por «pluralismo» aquí me refiero a la ideología religiosa que asegura que todas las religiones tienen cierta validez, son culturalmente pertinentes e igualmente eficaces en ayudar a sus adherentes a lograr la salvación (sin importar cómo se entienda ello). Esta clase de relativismo religioso no tiene cabida en pasajes como los de Deuteronomio (y claro, muchos otros más). Sin embargo, hay una clase correcta de pluralismo social y político, en el que se reconoce la libertad de todos los seres humanos de elegir la manera en que deseen rendir culto a Dios y la necesidad de proteger sus derechos para llevar a cabo esto. Es posible, según mi opinión, justificar bíblicamente la opción a mantener una exclusividad religiosa respecto a la verdad que uno cree de la revelación bíblica y la salvación en Cristo, y al mismo tiempo promover el pluralismo social y político con el fin de expresar el «amor al prójimo». Esta diferencia e imparcialidad ha sido muchas veces malentendida.

> Él extiende los cielos como un toldo,
>> y los despliega como carpa para ser habitada.

Cuando leemos nuestro pasaje de Apocalipsis 7, alcanzamos el final de la gran historia de la Biblia. En aquel día, el punto culminante de la historia, la soberanía de Dios finalmente será vindicada y permanecerá sin oposición alguna. Entonces, todo el universo reconocerá el reino de Dios por medio de Cristo; pero en la época del libro de Isaías, se llevaba a cabo una verdadera batalla.

Yahvé retaba a todos los dioses de las naciones, especialmente a los de Babilonia, a «que se presentasen frente al tribunal», por decirlo así, para determinar quién tenía el derecho de ser el verdadero Dios. Yahvé reclamó su derecho sobre la base de su control de la historia. Solo Él podía con precisión declararla con antelación e interpretarla en retrospectiva. Yahvé es, según lo afirma, «el primero y el último» que estuvo presente antes del principio y que seguirá estándolo luego del final. No hay otro dios aparte de Él, ningún dios antes de Él ni después de Él.

El resultado de este gran litigio fue que los otros dioses y las naciones que les rendían culto fueron expuestos por igual como fracasos sin valor y rebeldes derrotados. Solo Yahvé es supremo. De ello se trata el arrollador mensaje de Isaías 40–45.

Pero entonces repica un súbito y sorprendente mensaje. Desde el campo de batalla, desde la silla del juez del tribunal, Dios reprende a todos aquellos que huyen de su juicio.

> »Reúnanse, fugitivos de las naciones;
>> congréguense y vengan.
> Ignorantes son los que cargan ídolos de madera
>> y oran a dioses que no pueden salvar.
> Declaren y presenten sus pruebas,
>> deliberen juntos.
> ¿Quién predijo esto hace tiempo,
>> quién lo declaró desde tiempos antiguos?
> ¿Acaso no lo hice yo, el Señor?
>> Fuera de mí no hay otro Dios;
> Dios justo y Salvador,
>> no hay ningún otro fuera de mí.

»Vuelvan a mí y sean salvos,
    todos los confines de la tierra,
    porque yo soy Dios, y no hay ningún otro.
He jurado por mí mismo,
    con integridad he pronunciado
    una palabra irrevocable:
Ante mí se doblará toda rodilla,
    y por mí jurará toda lengua.
Ellos dirán de mí: "Solo en el Señor
    están la justicia y el poder"» […]

(Is 45.20–24)

Esta resonante invitación manifiesta la soberanía de Dios respecto a su salvación, no solo a su juicio. No se trata tan solo de que Yahvé haya destronado a los dioses de las naciones y anunciado la derrota de ellos. Ahora reclama aquellas naciones y las invita a que se arrepientan y se vuelvan a Él para que las salve. Estas naciones quizá piensen que la única alternativa que tienen es huir de Dios como juez suyo; ¿pero a dónde podrán huir?, ¿a quién podrán recurrir? No hay otros dioses. De todos modos, ninguno puede salvarlos. Por ello, deben volverse a Dios (lo cual es la manera bíblica de referirse al arrepentimiento), recurrir al único Dios viviente y salvador y entregarse a su justicia y misericordia salvadora.

- Si Yahvé es soberano de toda la tierra (que de hecho lo es porque creó la tierra),
- si Yahvé es la única fuente de la salvación (que de hecho lo es porque otros dioses son incapaces de salvar),
- entonces Yahvé debe ser el soberano y salvador de todas las naciones, no solo de Israel.

De ello se trata el carácter único y universal de Dios, lo cual se fusiona en un solo concepto: «Fuera de mí no hay otro Dios; Dios justo y Salvador, no hay ningún otro fuera de mí» (Is 45.21).

Entonces, en esto consiste la afirmación del profeta: que Yahvé Dios es el único soberano y salvador al que toda la gente proveniente de todas las naciones de los confines de la tierra debe recurrir si quiere encontrar la salvación. También es la misma afirmación que encontramos en Apocalipsis de parte de la humanidad redimida, que procede de todas las naciones y que ahora puede expresarse en términos de «nuestro Dios», a quien le pertenece toda la salvación y la soberanía.

Obviamente, nosotros vivimos «entre» la anticipación de Isaías 45 y la celebración de Apocalipsis 7. Por lo tanto, nuestra tarea es misional; es decir, nos apropiamos del llamado evangelístico que el propio Dios hace a todas las naciones, invitándolas a que se arrepientan y se salven para que de esta forma se incorporen a la gran multitud que entonará aquel canto de júbilo. La tarea misional del pueblo de Dios fluye directamente de la invitación universal de la salvación. Esto, asimismo, fluye de la soberanía universal de Dios, es decir, desde su trono hacia el mundo.

Además, este es precisamente el marco de referencia en el que se ubica la gran comisión al final del Evangelio de Mateo. El Jesús resucitado les dirige la palabra en términos que solo pudieron ser emitidos por Dios mismo o en relación con Él en el Antiguo Testamento, y al hacerlo afirma lo mismo que leímos anteriormente en Deuteronomio 10.14 y 17. «Se me ha dado toda autoridad en el cielo y en la tierra», afirma Jesús con toda calma. Y sobre esta base, es decir, en el señorío soberano de Jesucristo, aparece inmediata e inseparablemente el mandato de la misión: «… así que, vayan y hagan discípulos de todas las naciones […]» (Mt 28.18–19, mi traducción).

Como dijo John Stott: «… se trata de una ineludible deducción a partir del señorío de Cristo».[2]

La soberanía de Dios y el destino de las naciones

Hemos dedicado bastante atención al *canto* de Apocalipsis 7; pero ¿quiénes son *los que cantan*?, ¿quiénes son los que Juan ve que celebran «la salvación viene de nuestro Dios, que está sentado en el trono»? Se trata de «una multitud tomada de todas las naciones, tribus, pueblos y

---

[2] Estas palabras de John Stott las escuché muchas veces cuando ofrecía sus charlas en torno al tema «Jesús es el Señor: un llamado al discipulado radical». No me es posible ofrecer una fuente exacta de esta cita textual.

lenguas; era tan grande que nadie podía contarla». El reflejo del pacto de Abraham es más claro que el agua. A Dios se lo llama «nuestro Dios», y ha dejado de ser solo el Dios de los israelitas, para ser también de la gente que proviene de «todas las naciones», tal como Él le había prometido a Abraham.

La parte final de la Biblia refleja la parte inicial:

- Empieza con la historia de la creación y luego prosigue a las naciones de seres humanos diseminados por causa de su rebelión.
- Culmina con las naciones de seres humanos que se han reunido para adorar y luego prosigue a la nueva creación.

Lo que Juan ha logrado ver en su gran visión es el cumplimiento escatológico de la promesa que Dios le hizo a Abraham: que su simiente sería incontable como las estrellas o la arena y que la gente de todas las naciones recibiría la bendición por medio de él. Y Dios es fiel a sus promesas, lo cual es un hecho más de su soberanía. Tenemos otra razón más para afirmar que la salvación bíblica le pertenece a nuestro Dios y que cumple lo que promete. Y en la fidelidad de Dios a sus propias promesas yace la esperanza de nuestra salvación.

«Todas las naciones», le dijo Dios a Abraham, quien acababa de creer. Era extremadamente improbable que Sara y él llegasen a tener hijos, mucho menos que formaran una gran nación por medio de la cual todas las demás naciones serían bendecidas; sin embargo, «todas las naciones» fue lo que Dios le prometió, y así quedó para la posteridad.

Debe sorprendernos que el tema de las naciones no haya recibido el trato y la importancia que se merece de parte de la erudición bíblica y su literatura. Sin embargo, sin lugar a dudas es uno de los temas principales de la Biblia, y el plan de Dios para las naciones forma parte integral de la doctrina bíblica de la salvación. Estamos tan acostumbrados a creer que la salvación es algo puramente individualista que descuidamos esta dimensión plenamente bíblica. Asimismo, el desarrollo del plan salvífico de Dios para las naciones es un aspecto fundamental de su soberanía. Por cierto, Pablo conecta estos dos elementos con bastante claridad en Efesios. Allí nos explica que el plan de Dios consiste en reunir todas las cosas en la unidad de Cristo, incluyendo todas las naciones y toda la creación. Y esto sucederá según el plan de Aquel que llevará a cabo todo ello según el designio de su voluntad; en otras palabras, es el punto central de la soberanía de Dios en acción.

Este tema es demasiado extenso para abordarlo aquí; pero es necesario un resumen, en vista de que nuestro texto testigo coloca específicamente el canto de la salvación en boca de gente de *todas las naciones*. ¿De dónde obtuvieron Pablo y Juan esta visión glorificada del destino de las naciones en el plan salvífico de Dios? Pues de aquellas Escrituras que conocían muy bien: el Antiguo Testamento.[3]

Así que, ¿qué incluía el Antiguo Testamento además del plan de salvación de Dios para todas las naciones? Más allá del cumplimiento de todas las predicciones de Dios referente al juicio por medio del fuego purificador, ¿cuál era el significado de la salvación? ¿Qué les prometió Dios a aquellos que aparecieron como «fugitivos de las naciones», como Isaías los denomina, y se volvieron al Dios viviente? En otras palabras, ¿qué realmente celebran los representantes de las naciones que Juan vio en su visión? Nada menos que la siguiente increíble lista de bendiciones (se podría añadir muchas más) por las que las naciones vendrían a adorar a Dios:

- Serían inscritas en la ciudad de Dios.
- Serían bendecidas con la salvación de Dios.
- Serían recibidas en la casa de Dios.
- Serían llamadas según el nombre de Dios.
- Se unirían al pueblo de Dios.

Serían inscritas en la ciudad de Dios

> De ti, ciudad de Dios,
>> se dicen cosas gloriosas:
> «Entre los que me reconocen
>> puedo contar a Rahab y a Babilonia,
> a Filistea y a Tiro, lo mismo que a Cus.
>> Se dice: "Este nació en Sión"».

---

[3] He investigado con mayor detenimiento el tema de las naciones en Christopher J. H. Wright, *La misión de Dios. Descubriendo el gran mensaje de la Biblia* (Buenos Aires: Certeza Unida, 2022), cap. 14.

> De Sión se dirá, en efecto:
> «Este y aquel nacieron en ella.
> El Altísimo mismo la ha establecido».
> El Señor anotará en el registro de los pueblos:
> «Este nació en Sión».
>
> (*Sal 87.3–6*)

El salmo 87 usa la figura literaria de un registro o padrón de las naciones y de una manera muy sorprendente decide pasar lista en la misma Sion. Se dice de muchas naciones vecinas que «nacieron» allí y que se cuentan «entre los que me reconocen» (v. 4, terminología que por lo general es de uso exclusivo de Israel en relación con el pacto de Yahvé). Todo el concepto de Sion ha sido redefinido y ampliado. Ha dejado de ser un término o un lugar de privilegio excluyente; se ha vuelto ahora el lugar que da cabida a las naciones. Nos queda claro que la expectativa es que Sion, en última instancia, incluya no solo a los israelitas nacidos en su seno, sino también a gente de otras naciones que será adoptada y a la que se le concederá el derecho a la ciudadanía, con los mismos derechos que poseen los nacidos allí y que fueron inscritos por Dios mismo. La lista de las naciones que ahora forma parte de la ciudadanía de Sion incluye incluso los dos grandes imperios *enemigos*, Egipto (Rahab) y Babilonia, junto con otros adversarios menores como los filisteos, los socios comerciantes (Tiro) y los representantes de las regiones más alejadas (el reino negro de Cus, en África).

Cuando allá se pase lista, se escucharán algunas sorpresas debido a los nombres en el registro. El camino está siendo preparado para la imagen final del Apocalipsis de aquella ciudad de Dios, donde las naciones traerán su gloria y sus riquezas.

Este salmo obviamente anticipa la enseñanza del Nuevo Testamento respecto a que los creyentes en el Mesías Jesús se han incorporado al pueblo de Dios con los mismos y plenos derechos que lo hicieron los israelitas por nacimiento. Tú no tienes que nacer judío para ser hijo de Abraham y ciudadano de Sion. Lo que acabo de decir convierte en algo sin sentido los esfuerzos de algunos grupos cristianos para demostrar su ascendencia judía, como si fuera una especie de «beneficio adicional».

Un amigo me contó que en el Perú algunos cristianos han sido persuadidos para que paguen dinero a una agencia estadounidense que les ofrece investigar su genealogía y proveerles pruebas escritas de que tienen ancestros judíos y así lograr *realmente* pertenecer al Israel de Dios. Se trata no solo de una escandalosa explotación de creyentes crédulos e ingenuos, sino, sobre todo, de una vergonzosa negación de las enseñanzas de la Biblia, que afirman que el abolengo carece de todo valor cuando se trata de nuestra salvación e incorporación en Cristo y en el pueblo de Dios. El propio Pablo, que le daba mucho valor a su legado judío (las Escrituras, los pactos, la ley, etc., Ro 9.4–5), repudió con firmeza la idea de que sus credenciales étnicas le pudiesen ofrecer algún beneficio para su salvación y, de hecho, las consideraba como «pérdida» en comparación con el conocimiento del crucificado y resucitado Jesús el Mesías (Fil 3.2–11).

Serían bendecidas con la salvación de Dios

> En aquel día habrá un altar para el Señor en el corazón mismo de Egipto, y en su frontera un monumento al Señor. Esto servirá en Egipto de señal y testimonio del Señor Todopoderoso. Cuando ellos clamen al Señor por causa de sus opresores, él les enviará un salvador y defensor que los librará. De modo que el Señor se dará a conocer a los egipcios, y en aquel día ellos reconocerán al Señor: lo servirán con sacrificios y ofrendas de grano; harán votos al Señor y se los cumplirán. El Señor herirá a los egipcios con una plaga, y aun hiriéndolos, los sanará. Ellos se volverán al Señor, y él responderá a sus ruegos y los sanará.
>
> En aquel día habrá una carretera desde Egipto hasta Asiria. Los asirios irán a Egipto y los egipcios a Asiria, y unos y otros adorarán juntos. En aquel día Israel será, junto con Egipto y Asiria, una bendición en medio de la tierra. El Señor Todopoderoso los bendecirá, diciendo: «Bendito sea Egipto mi pueblo, y Asiria obra de mis manos, e Israel mi heredad».
>
> *(Is 19.19–25)*

Esta imponente profecía aparece al final de un capítulo (19.1–17) que coloca ampliamente a Egipto bajo el juicio de Dios, a una nación que históricamente estaba por llegar a los niveles más altos de su religión, agricultura, pesca, industria y política. Se trataba de temas conocidos para los profetas que se oponían a las naciones vecinas de su época.

Pero después, en los versículos 18–22, cuando entramos a un futuro escatológico más indefinido («en aquel día»), vemos una sorprendente transformación de la fortuna de Egipto, que podrá disfrutar de todo lo que Dios hizo por Israel cuando lo rescató del yugo de los propios egipcios. El profeta amplía las promesas de la salvación a las naciones extranjeras con términos que surgen del pasado de Israel (nuevo éxodo, nuevo pacto, nueva protección en el desierto y nuevo ingreso a la tierra prometida, etc.). El pasado de Israel se usa en este lugar para describir las futuras bendiciones de la salvación, las cuales ahora promete a las naciones *extranjeras* que se han vuelto a Dios. Y no se trata de cualquier nación extranjera, sino de los egipcios, los archienemigos de Israel en aquel conflicto épico entre estas naciones. Ellos (los egipcios), que se negaron una vez a reconocer a Yahvé, lo invocarán (no a sus dioses) y Él les enviará un *salvador* y libertador (tal como lo hizo con Moisés). Entonces, llegarán a conocer a Yahvé y lo adorarán (tal como Israel hizo durante el Éxodo). Nos damos cuenta de que se trata de una revisión del Éxodo y puesto al contrario. Se trata del Éxodo «recargado», con sus personajes al revés.[4]

Sin embargo, como si lo que dijo de Egipto no fuera suficiente para soprendernos, el profeta añade a Asiria al grupo y predice que estas dos grandes naciones estarán interconectadas (v. 23). En circunstancias normales, la posibilidad de que Egipto y Asiria establecieran una alianza habría causado terror en los corazones de los israelitas, pues eran como dos gigantes cascanueces que presionaban a Israel desde ambos lados de su historia bíblica y desde los extremos opuestos de su perímetro. Pero el propósito de la unión de estas naciones no será con el fin de que luchen juntas *contra* Dios y su pueblo, sino para que lo

---

[4] Nota del traductor: Parece que el autor ha querido incluir una expresión contemporánea que alude a la serie de películas *The Matrix*, en donde toda la trama gira en torno a un sistema operativo que rige el mundo visible. Entonces, en años recientes, en inglés surgió la expresión *reloaded,* que no solo significa una secuela de la primera película, sino también un giro a la inversa de la trama de la segunda película, como si el sistema operativo se hubiera vuelto a «recargar», pero con resultados opuestos. De allí la similitud con las profecías en torno al Éxodo y su relación con las naciones enemigas de Israel.

adoren juntas. Los opresores se convierten en adoradores. En la visión del futuro, la historia se invierte. Los enemigos de Dios e Israel tendrán paz con Israel y también entre ellos.

Claro que es obvio que Isaías se refiere a Egipto y Asiria de una manera representativa, es decir, sirven de modelo para incluir a otras naciones, no solo a estas dos específicas. Se trata de la manera típica en que se expresaban los profetas del Antiguo Testamento. Se referían al mundo de las naciones que conocían y, a menudo (como en la primera mitad de Isaías 19), daban a entender las naciones específicas que los rodeaban en su diario vivir. Pero cuando los profetas tenían la visión de un futuro más distante, algunos de los nombres de estas naciones se tornaban representativos, esto es, se referían a grandes reinos o imperios mundiales o a tiranías políticas o militares en general, así como a actos arrogantes y hostiles contra Dios y su pueblo en general. Así que, por ejemplo, es claro que las profecías que se relacionan con *Babilonia* (tanto en el Antiguo como en el Nuevo Testamento) trascienden las predicciones acerca del destino histórico de la antigua ciudad e imperio de Babilonia durante el tiempo de Nabucodonosor y se tornan en visiones representativas de otros grandes imperios mundiales. Es probable que la «Babilonia» del Apocalipsis haya sido interpretada como el Imperio romano por los primeros lectores de Juan y como otros grandes poderes opresores mundiales por los lectores de siglos posteriores o, en última instancia, como el destino final de los enemigos de Dios. De la misma manera, Egipto y Asiria, en la visión de Isaías 19.19–25, representan a todas las naciones que Dios transformará de enemigas a pueblos que estarán entre los que compartirán la bendición de la salvación.

Luego surge la sorpresa final: la identidad de Israel sufrirá una *convergencia* con la de Egipto y Asiria. El profeta lo afirma *sin pelos en la lengua* (por no decir *de una manera escandalosa*) cuando describe a Egipto y Asiria de una manera que solo le podría corresponder a Israel. De hecho, el orden de las palabras en hebreo es mucho más enfático y alarmante que las traducciones modernas. Literalmente dice: «Bendito [sea] mi pueblo, Egipto, y la obra de mis manos, Asiria, y mi heredad, Israel». El escándalo de este orden de palabras es encontrarse con «Egipto» inmediatamente después de leer «mi pueblo» (en vez de «Israel», lo cual es lo que normalmente se esperaría). Es evidente que se ha puesto a Israel tercero en la lista; sin embargo, así fue escrito. Los archienemigos de Israel serán incorporados a la identidad, a los títulos y a los privilegios de Israel, y se beneficiarán de la bendición de Abraham que el Dios viviente Yahvé les ha otorgado. De hecho, no solo se beneficiarán del pacto de Abraham (porque serán bendecidos), sino también el medio para bendecir a otros (porque serán una bendición en la tierra).

Claro que, mientras sigan siendo enemigos, no serán incorporados de esta manera al pueblo de Dios. La transformación explícita respecto a Egipto también debe aplicarse a Asiria. Dios solo los rescatará, bendecirá e incorporará si piden su ayuda, lo reconocen, lo adoran y se convierten a Él (vv. 20–22). La salvación es para aquellos que se vuelven a Dios arrepentidos y con fe. Esto era tan cierto para el rebelde Israel como para sus enemigos tradicionales.

Esto (lograr que los enemigos se arrepientan y se reconcilien) es lo que el amor transformador de Dios y su poder lograrán llevar a cabo tanto para las naciones como para Israel. De esto se trata la misión de Dios, cuyo oficio es dedicarse a convertir enemigos en amigos, tal como Saulo de Tarso lo supo mucho mejor que la mayoría. Es muy probable que la triple expresión de Pablo sobre la inclusión de los gentiles a la identidad y los títulos de Israel (beneficiarios, miembros y participantes) en Efesios 3.6 le deba algo a Isaías 19.25.[5]

Serían recibidas en la casa de Dios

> El extranjero que por su propia voluntad
>> se ha unido al Señor no debe decir:
>> «El Señor me excluirá de su pueblo».
> Tampoco debe decir el eunuco:
>> «No soy más que un árbol seco».
> Porque así dice el Señor:
>> «A los eunucos que observen mis sábados,
>>> que elijan lo que me agrada
>>> y sean fieles a mi pacto,

---

5 Nota del traductor: «coherederos... miembros... y copartícipes» según la RVR 1960.

> les concederé ver grabado su nombre
> > dentro de mi templo y de mi ciudad;
> > > ¡eso les será mejor que tener hijos e hijas!
> > También les daré un nombre eterno
> > > que jamás será borrado.
> > Y a los extranjeros que se han unido al Señor
> > > para servirle,
> > para amar el nombre del Señor
> > > y adorarlo,
> > a todos los que observan el sábado sin profanarlo
> > > y se mantienen firmes en mi pacto,
> > los llevaré a mi monte santo;
> > > ¡los llenaré de alegría en mi casa de oración!
> > Aceptaré los holocaustos y sacrificios
> > > que ofrezcan sobre mi altar,
> > porque mi casa será llamada
> > > casa de oración para todos los pueblos».
>
> *(Is 56.3–7)*

Estas cálidas palabras no fueron dirigidas a las naciones en su totalidad, sino a extranjeros y eunucos de una manera específica, es decir, a dos grupos de gente que temían ser excluidos del pueblo de Dios. Deuteronomio 23.1–8 afirmaba que a los hombres castrados (que carecían de la capacidad de tener descendientes) y a ciertas categorías de extranjeros (que no tenían ninguna participación de la tierra prometida) se les debía negar el acceso a los cultos de la santa asamblea de los israelitas; pero, por medio del profeta, Dios transforma aquel déficit en algo mucho más positivo y grandioso. A los eunucos «les concederé ver grabado su nombre», lo que será el acto más noble que cualquier familia les pueda otorgar. A los extranjeros «los llevaré a mi monte santo», cuyo símbolo significa que tendrán el derecho a vivir en la tierra prometida en su totalidad. En resumidas cuentas, estos dos grupos serán plenos ciudadanos de Israel.

¿Bajo qué condiciones se emitieron estas promesas a los extranjeros? Precisamente bajo las mismas condiciones que rigen a Israel, esto es, una *lealtad* plena y de todo corazón a Yahvé para *adorarlo* de manera exclusiva y *obedecer* sus leyes (vv. 4–6). *Todo* el que cumpliese estas condiciones sería ahora capaz de acercarse al centro del santo culto de Israel, esto es, al altar de Dios en el templo. Absolutamente nada de lo que estuviese disponible para los *israelitas* sería negado a los *extranjeros* que estuvieren dispuestos a entregarse de todo corazón al Dios de Israel. Si aceptaban los términos de la afiliación al pacto, serían recibidos plenamente y hallarían gozo en la casa del Señor, aquel gozo que ofrecen la identidad y la inclusión, esto es, el gozo de la salvación.

Una vez más, es muy probable que la mente de Pablo estuviera saturada de lo que acontecía en estos versículos cuando escribió a los creyentes gentiles que se habían beneficiado de su inclusión en Cristo:

> Recuerden que en ese entonces ustedes estaban separados de Cristo, *excluidos* de la ciudadanía de Israel y ajenos a los pactos de la promesa, sin esperanza y sin Dios en el mundo. Pero ahora en Cristo Jesús, a ustedes que antes estaban lejos, Dios *los ha acercado* mediante la sangre de Cristo.
>
> *(Ef 2.12–13, las cursivas son mías)*

Es muy probable que Lucas también haya tenido en mente este pasaje de Isaías, sin duda alguna con cierto grado de humor e ironía, cuando registró que el primer creyente en Jesús, aparte de la comunidad étnica de judíos, fue de hecho un *extranjero*, un *eunuco*, que curiosamente se encontraba leyendo el rollo del profeta Isaías tan solo a unos centímetros del pasaje que estudiamos. Sin embargo, Lucas menciona con mucho cuidado en Hechos 8 que, si bien el eunuco había ido a Jerusalén para adorar a Dios, encontró gozo (tal como el profeta lo había prometido) no en el templo, sino al oír las buenas nuevas de Jesús. Entonces confió en Él, se bautizó y siguió su camino con regocijo. Jesús es aquel por medio del cual la gente de todas las naciones serán recibidas en la casa de Dios, esto es, la casa de oración para todas las naciones, porque el propio Jesús es aquel nuevo templo viviente.

Serían llamadas según el nombre de Dios

> En aquel día levantaré
> la choza caída de David.

> Repararé sus grietas,
>> restauraré sus ruinas
>> y la reconstruiré tal como era en días pasados,
> para que ellos posean el remanente de Edom
>> y todas las naciones que llevan mi nombre
> —afirma el Señor,
>> que hará estas cosas—.
>
> (Am 9.11–12)

Estos versículos conducen al libro de Amós a una sorprendente conclusión. Luego de la hoguera de juicio, destrucción y exilio que domina todo el libro hasta este momento, la nota final es esperanzadora. Más allá del juicio se vislumbra la restauración. Lo que además sorprende es que Amós haya empezado hablando del ámbito internacional y que terminara allí. Los primeros dos capítulos de Amós declaran la ira de Dios contra la caótica maldad de las naciones vecinas (y tanto Judá como Israel son igual de malos que sus vecinos). Estos versículos finales del último capítulo describen la restauración no solo del reino davídico, sino también del «remanente de Edom y *todas las naciones que llevan mi nombre*».

La gran sorpresa aquí es la combinación de la palabra en plural «naciones» con la frase «que llevan mi nombre». Sin duda alguna, solo hay una nación que podría legítimamente describirse de esta manera. La expresión «que lleva mi nombre» indica pertenencia y también que se goza de una relación íntima. El hecho de ser llamado «según el nombre de Yahvé» se relaciona con el punto central de la relación especial que Israel tiene con Yahvé. El *arca del pacto* recibía el nombre del Señor (2S 6.2). Lo mismo sucedió con el propio *templo*, el día de su dedicación, cuando Salomón oró a Dios para que «todos los pueblos de la tierra» llegasen a conocerlo (1R 8.43). Ya sea que fuese digna o no, *Jerusalén* era la ciudad que llevaba el nombre de Yahvé (Jer 25.29); pero lo más sobresaliente de todo, que era la esencia de la bendición del pacto de Dios con Israel, consistía en que Israel sería identificado como el pueblo del Señor.

> El Señor te establecerá como su pueblo santo, conforme a
> su juramento, si cumples sus mandamientos y andas en sus

caminos. Todas las naciones de la tierra te respetarán *al reconocerte como* el pueblo del Señor.

(Dt 28.9–10, las cursivas son mías)

De hecho, esta era precisamente una de las marcas *características* de Israel, porque en su tiempo, las naciones extranjeras podían describirse en su conjunto sencillamente como aquellas que nunca llevaron el nombre de Yahvé (Is 63.19).

Entonces, ¿qué nos quiere decir Amós? En su época, uno de los privilegios que definía *solo a una nación de entre todas*, a Israel, era que sería conocida «como el pueblo del Señor». Pero, finalmente, el profeta declaró que esta identidad estaría disponible también para la gente de «todas las naciones». ¿Cuánta más inclusión queremos? Las naciones que estuvieron bajo el juicio de Dios junto con Israel en los capítulos 1 y 2 reciben ahora la bendición de Dios junto con Israel en estos versículos finales. El mismo concepto respecto a «Israel» ha sido ampliado para que incluya a las naciones por medio de la descripción clave «al reconocerte como».

Se unirían al pueblo de Dios

¡Grita de alegría, hija de Sión!
    ¡Yo vengo a habitar en medio de ti!
        —afirma el Señor—.
En aquel día,
    muchas naciones se unirán al Señor.
Ellas serán mi pueblo,
    y yo habitaré entre ellas.

(Zac 2.10–11)

Estos versículos aparecen en medio de una visión que da ánimo a la población postexílica de Jerusalén. En contraste con el programa que Nehemías empezó, Zacarías declara que la ciudad de Dios no necesitará de muros, en parte porque la llegada de nuevos habitantes será tan numerosa y en parte debido a que el propio Dios será un muro de fuego en torno de ellos (2.3–5). Los enemigos que saquearon a Jerusalén serán vencidos y saqueados (2.8–9). Luego el rey volverá a la ciudad para vivir entre sus habitantes.

Así que el mensaje del profeta para Israel no manifiesta un favoritismo exclusivista de parte de Dios, sino de *expansión* que incluiría no solo a los que regresarían del exilio, sino también a la gente de «muchas naciones». De este modo, el mensaje del profeta para las naciones no fue de juicio y destrucción, sino todo lo contrario, de inclusión en el pueblo de Dios. Prestemos atención a la manera total de ella:

- Primero, las naciones se volverán a *Yahvé*, no solo a Israel. En otras palabras, no se incorporarán al pueblo de Dios solo como subalternos de Israel o ciudadanos de segunda clase. No; más bien pertenecerán a Yahvé con todo derecho, como el Israel veterotestamentario lo tuvo.

- Segundo, las naciones disfrutarán precisamente de la misma relación del pacto que Israel tuvo con Yahvé. La expresión «ellas serán mi pueblo» refleja precisamente la terminología del pacto, cuyo origen se remonta al Sinaí. Es una relación que hasta este momento solo se había dado con Israel. Sin embargo, es importante notar que las naciones aparecen en plural (también el verbo «serán») y el predicado es singular, «pueblo». Aquí no se trata de «Israel *más* las naciones», sino «las naciones al igual que Israel», un solo pueblo que pertenece a Dios.

Sion será una comunidad multinacional de gente proveniente de muchas naciones, las cuales pertenecerán a Yahvé; por lo tanto, con todo el derecho a formar parte de Israel. Dios mismo morará en medio de «ella», Sion de las naciones (ver Sal 87). La identidad y la afiliación de Israel han sido, por tanto, radicalmente reescritas por el propio Yahvé. Ya no es «Sion *y* las naciones», sino «Sion *que incluye a* las naciones». No se trata de que Dios se haya propuesto *remplazar* a Israel y Sion con cierta clase de una nueva religión (¿el cristianismo?), sino que los propios Israel y Sion se ampliarán para incluir a la gente de todas las naciones, como pueblo de Dios que se ha redefinido y extendido, esto es, como la comunidad multinacional de creyentes en Cristo.

Esta clase de pasajes del Antiguo Testamento es la que influye la perspectiva del Nuevo Testamento respecto al plan salvífico de Dios para las naciones. Pablo se hallaba convencido de que esta gran visión estaba ahora cumpliéndose con la llegada de Jesús el Mesías. Su muerte y resurrección abrieron el acceso para que la gente de todas las naciones pudieran encontrar la salvación y se incorporaran a los redimidos de Dios, a la gente del pacto. De esto se trataba el evangelio que predicaba a los gentiles. El libro de los Hechos nos muestra la manera en que respondieron con entusiasmo a estas buenas nuevas, y el de Apocalipsis nos presenta el modo en que toda aquella multitud proveniente de todas las naciones se reunirá un día en calidad de una humanidad redimida en la nueva creación, con el propósito de alabar al Dios por cuya soberanía esta gran salvación fue ofrecida a todas las naciones.

La soberanía de Dios y el alcance de la salvación

En este contexto nos conviene pensar en otro tema que muchos encuentran problemático: la interrogante respecto a si se salvarán aquellos que no fueron evangelizados y cómo lo harán. Ahora que estamos por abordar este asunto, debemos tener presente que hasta este momento hemos considerado la misericordiosa soberanía de Dios por sobre todas las naciones, al igual que las declaraciones bíblicas en torno a que el propósito de Dios es incluir entre los redimidos a la gente de todas las naciones, las cuales morarán en la nueva creación y cantarán los cantos de salvación a nuestro Dios y al Cordero.

Los antepasados que jamás oyeron del evangelio

Hemos enfatizado a lo largo de este libro que la salvación es un asunto de lo que Dios ha hecho. La salvación bíblica está constituida por la historia de aquellas grandes obras salvíficas de Dios, que se concentran obviamente en la muerte y resurrección de Jesucristo. En el capítulo 5 mencionamos que la gente experimenta la salvación al oír aquella historia y depositar su fe en Cristo, que es el centro de todo ello.

Pero ¿qué sucede con aquellos que jamás oyeron aquella historia?, ¿qué ocurre con los que no escucharon «La salvación viene de nuestro Dios […] y del Cordero»? Es decir, ¿qué sucede si nunca oyeron del Dios de la Biblia o de Jesús de Nazaret y de su vida, muerte y resurrección? ¿Y si vivieron y murieron en tiempos pasados antes de que el evangelio les fuera anunciado, siglos antes de Cristo o incluso de Abraham? ¿Y si viven en el presente en alguna parte del mundo donde el evangelio todavía no ha llegado… y mueren antes de que les sea anunciado? ¿Hay alguna mínima esperanza de que *cualquiera* de estas personas, es decir, los no evangelizados, puedan alguna vez recibir las bendiciones de la salvación de Dios? ¿O es que de modo terminante no hay esperanza de que esto pueda jamás cumplirse?

Esta interrogante es urgente y muchas veces angustiante para aquellos que se cuentan entre la primera generación de convertidos a la fe en Cristo, porque pertenecen a culturas donde los lazos familiares son fuertes y se remontan a muchas generaciones pasadas de ancestros. Se trata de un fenómeno común entre las nuevas iglesias que la misión cristiana ha plantado en partes de Asia y África especialmente. Allí los evangelistas encaran esta pregunta: «¿Y qué de mis padres, mis abuelos o mis bisabuelos, que murieron antes de que tú llegaras a predicarnos el mensaje de Jesús? Todos ellos desconocían a Jesús. ¿Quieres decirme que están en el infierno? ¿Acaso no hay esperanza alguna de que Dios haya podido salvar a alguno de ellos? ¿Si me convierto en creyente, me separaré de mi familia (vivos y muertos) para siempre?».

Dije que este asunto es urgente en África y Asia porque allí muchas culturas han logrado preservar su sentido de identidad familiar y de pertenencia; pero es realmente una vergüenza que no lo sea para todos aquellos que vivimos en sociedades occidentales. El ácido del individualismo ha corroído nuestro sentido de identidad común a tal grado que conocemos muy poco de nuestros abuelos, y ni qué decir de nuestros antepasados, por lo que la pregunta respecto a si los ancestros de nuestro árbol genealógico fueron creyentes cristianos ni se nos cruza por la mente y mucho menos nos causa tristeza y ansiedad. Siempre y cuando nos salvemos nostros, y en lo posible nuestra familia inmediata, nada más parece preocuparnos.

Dije que era una pregunta urgente para la primera generación de conversos, cuyos ancestros murieron antes de que el evangelio llegara a sus oídos, por lo que no se les presentó la posibilidad de creer conscientemente y confesar la fe en Jesús. En el caso de los cristianos que viven en países donde ha habido una presencia cristiana por siglos, el problema no es exactamente el mismo, pero también existe. Pensamos que nuestros antepasados (por lo menos en siglos pasados) tuvieron efectivamente la *oportunidad* de oír y responder al evangelio, ya sea si lo aceptaran o lo rechazaran. Sin embargo, esto es relativo, pues si los que nacimos en el Reino Unido, por ejemplo, somos genuinamente descendientes directos de los habitantes autóctonos de aquellas islas, tenemos antepasados que vivieron y murieron antes de que el evangelio los alcanzara. Aquellos quizá vivieron hace más de dos mil años, pero ¿qué significa aquel tiempo para Dios o en el amplio panorama de la historia? Para Él, mil años es como un día. Por ello, ya sea que seamos de África, Asia, Europa, América, las islas del Pacífico o de donde sea, en principio nos hallamos en la misma condición: todos tenemos antepasados que vivieron y murieron sin el conocimiento del evangelio. ¿Ha salvado Dios a algunos de ellos? ¿Hay alguna esperanza de que exista la posibilidad de que se encuentren salvos?

¿La salvación se logra solo por medio de Cristo o por el conocimiento de Cristo?[6]

Uno de los conocimientos fundamentales del cristianismo bíblico es que la salvación sucede solamente por medio de Jesús, es decir, que no hay salvación si no es en Cristo y por medio de Él, argumento que hemos presentado a lo largo de este libro. La salvación está al alcance de los seres humanos solamente por lo que Dios ha hecho por medio de su Hijo, el Señor Jesucristo; no hay otra fuente ni otra razón.

Sin embargo, el meollo del asunto es el siguiente: ¿significa que la salvación está disponible solo por medio de un *conocimiento* concreto de Jesucristo y una fe consciente en Él? Admitimos plenamente y afirmamos que todos aquellos que finalmente serán salvos y se unirán al pueblo redimido de Dios en la nueva creación recibirán, sin excepción alguna, la salvación sobre la base del único fundamento de la cruz de Cristo. Toda la salvación se debe a lo que Dios ha hecho por medio de Jesús, su Hijo encarnado. Todos quienes serán salvos lo serán porque Jesús murió por ellos. Sea a quien Dios salve, lo hará por causa de Cristo. No hay otra causa o fundamento o medio de salvación. Así que, sea quien fuere con el que nos encontremos en la nueva creación, estará allí por la misma razón que estaremos nosotros: porque Jesús murió por ellos y Dios los salvó por medio de la sangre redentora de Cristo.

¿Pero será posible que alguien sea salvo por medio de Jesús y *por causa de* su muerte y no haber *oído* de Él y, por lo tanto, no pueda

---

6   He explorado este tema con mayor detalle en Christopher J. H. Wright, *The Uniqueness of Jesus* (Oxford: Monarch, 1997).

explícitamente darle su confianza como una persona conocida e identificable?

Esta pregunta a veces se enmarca con una terminología teológica. Incluso si se reconociera la necesidad *ontológica* de Cristo para la salvación (es decir, que no hay otros medios para ello), ¿existiría también una necesidad *epistemológica* (es decir, que debemos conocer a Cristo para que Él nos pueda salvar)? Es necesario analizar esta interrogante con mucha claridad antes de intentar responderla.

- *No* nos preguntamos si la gente puede ser salva por otros medios aparte de Cristo; por ejemplo, mediante otras religiones. De ello no se trata la pregunta, porque la Biblia afirma con claridad que no hay salvación fuera de la obra de Cristo.
- *No* nos preguntamos si la gente que ha rechazado a Cristo puede de alguna manera aún ser salva (como algunas formas de universalismo). La pregunta se refiere solamente a aquellos que durante su vida no tuvieron la oportunidad de oír sobre Jesús y tomar alguna decisión respecto a Él; es decir, se refiere a quienes nunca oyeron del evangelio, a los no evangelizados. ¿Hay alguna posibilidad de que Dios salve a alguno de ellos por medio de Cristo pese a que jamás oyeron de Él? De esto se trata la pregunta. ¿Podrán salvarse los que no fueron evangelizados?

Entre los cristianos que equitativamente dicen creer en la Biblia y obedecen su autoridad, existen principalmente dos respuestas distintas a esta pregunta. Están los que responden con un firme *no*. Sencillamente, no hay posibilidad de que cualquiera de los no evangelizados sean salvos; pues estos ignoran el evangelio y, por lo tanto, por definición, se encuentran eternamente perdidos. Están también los otros que responden con un cauteloso optimismo. Afirman que la misma Biblia nos ofrece razones para tener esperanzas de que Dios, en su misericordia y por causa de Cristo, salvará de entre los no evangelizados a algunos (o muchos; hay muchas variantes de esta postura).

«No hay posibilidad de que cualquiera de los no evangelizados sea salvo»

Debido a su pecado y rebelión, todos los seres humanos encaran el juicio de Dios. El único camino de la salvación es por medio del arrepentimiento y la fe en la obra salvífica de Cristo en la cruz. Por lo tanto, aquellos que en vida nunca oyeron de Cristo están eternamente perdidos. Esta posición a veces se apoya en el argumento que dice que, si esto no fuera así, ¿qué razón habría para la evangelización?[7] El sustento bíblico para esta postura se fundamenta fuertemente en pasajes que sin duda alguna enseñan que Jesús es el único camino a Dios y a la salvación.

> —Yo soy el camino, la verdad y la vida —le contestó Jesús—. Nadie llega al Padre sino por mí.
>
> *(Jn 14.6)*

> De hecho, en ningún otro hay salvación, porque no hay bajo el cielo otro nombre dado a los hombres mediante el cual podamos ser salvos.
>
> *(Hch 4.12)*

> Porque «todo el que invoque el nombre del Señor será salvo».
>
> Ahora bien, ¿cómo invocarán a aquel en quien no han creído? ¿Y cómo creerán en aquel de quien no han oído? ¿Y cómo oirán si no hay quien les predique? ¿Y quién predicará sin ser enviado? Así está escrito: «¡Qué hermoso es recibir al mensajero que trae buenas nuevas!»
>
> Sin embargo, no todos los israelitas aceptaron las buenas nuevas. Isaías dice: «Señor, ¿quién ha creído a nuestro mensaje?». Así que la fe viene como resultado de oír el mensaje, y el mensaje que se oye es la palabra de Cristo.
>
> *(Ro 10.13–17)[8]*

---

[7] Sin embargo, es importante establecer la diferencia entre el deseo de llevar a cabo algo que sea eficaz (como ciertamente lo demuestra esta postura respecto a la motivación para la evangelización) y el deseo de realizar algo que es realmente verdadero (es decir, que se basa absolutamente en lo que la Biblia enseña con claridad).

[8] Sin embargo, se cuestiona si es posible usar pasajes bíblicos para afirmar que la salvación puede venir únicamente mediante la evangelización cristiana. Según el contexto, es obvio que Pablo se refiere principalmente a lo que los israelitas veterotestamentarios conocían y habían oído, por medio de lo cual pudieron y debieron haber respondido con la fe que los salvaría.

Esta postura claramente define y defiende, en términos absolutos, el carácter único de Jesús respecto a la salvación. Cristo no solo es el único medio de salvación disponible de la humanidad; también escuchar y responder su evangelio es el único medio por el cual podemos recibir la salvación que Él logró. Los no evangelizados sencillamente *no* pueden ser salvos porque les falta el único medio por el cual pueden serlo, esto es, el conocimiento del evangelio.

Muchos se oponen a esta postura; pero algunos la distorsionan y atacan la caricatura que hacen de ella, mas no el argumento en sí. Una refutación particular muy conocida es laque se expresa en esta pregunta: «¿Cómo puedes creer que Dios condenará a otros al infierno tan solo porque no creyeron en Jesús si jamás oyeron de Él? No fue culpa de ellos que no oyeran de Jesús, dado que jamás fueron evangelizados, así que es abiertamente injusto que se los condene por no haber respondido al evangelio». Este punto de vista puede presentarse de una manera tan convincente y verosímil que a estas alturas es muy importante que lo analicemos con atención y claridad.

La Biblia jamás menciona que Dios condena a otros porque no han respondido al Cristo del cual jamás oyeron. Lo que enseña sin lugar a dudas o cuestionamientos es que *todos* los seres humanos son pecadores y están expuestos al justo juicio de Dios, ya sea que hayan oído de Cristo o no. La condenación está basada en nuestras obras pecaminosas, no en nuestra falta de conocimiento.

Claro que la Biblia también enseña que no todos tienen el mismo grado de perversidad o maldad y que no todos la alcanzan en su máxima expresión posible; pero no deja ninguna duda respecto al hecho fundamental y universal del pecado humano y su maldad, ya que «todos han pecado y están privados de la gloria de Dios», como afirma Pablo (Ro 3.23), entre muchos otros escritores de la Biblia. La razón del juicio de Dios es este hecho universal respecto al pecado humano. Como se lee en todas las advertencias de la Biblia acerca del infierno, aquellos que en última instancia sufrirán la ira de Dios lo harán *no* por lo que hicieron *sin* saberlo y, por ende, no *pudieron* (esto es, confiar en Jesús), sino por todo lo que *sí* supieron y, sin embargo, *hicieron* a pesar de todo lo que sabían. Todos los seres humanos pecan contra la luz de la conciencia y el conocimiento de Dios que está presente en todos nosotros. Nuestro pecado yace en lo que hacemos tras los pasos de lo que conocemos (pecamos a pesar de nuestro conocimiento de Dios), no en lo que no hacemos porque desconocemos (no haber confiado en Jesús porque jamás oímos de Él).

> Ciertamente, la ira de Dios viene revelándose desde el cielo contra toda impiedad e injusticia de los seres humanos, que con su maldad obstruyen la verdad. Me explico: lo que se puede conocer acerca de Dios es evidente para ellos, pues Él mismo se lo ha revelado. Porque desde la creación del mundo las cualidades invisibles de Dios, es decir, su eterno poder y su naturaleza divina, se perciben claramente a través de lo que Él creó, de modo que nadie tiene excusa. A pesar de haber conocido a Dios, no lo glorificaron como a Dios ni le dieron gracias, sino que se extraviaron en sus inútiles razonamientos, y se les oscureció su insensato corazón.
>
> *(Ro 1.18–21)*

Por decirlo de una manera más directa y sencilla: nadie irá al infierno simplemente porque no oyó de Jesús, sino por su pecado y rebelión delante de Dios, respecto a lo cual dice la Biblia que es la condición universal y por defecto de toda la humanidad. La razón de nuestra condenación no es nuestra ignorancia, sino nuestro pecado que cometemos deliberadamente.

Es verdad que la gente no tiene la culpa de no haber sido evangelizada, pero nadie sufrirá la ira de Dios por no haber cometido ninguna falta. El juicio de Dios será justo, claro y absoluto según que la persona se lo merezca.

«Dios salvará de entre los no evangelizados a algunos»

Hay otros cristianos que, con la misma firmeza, aseguran que la cruz de Cristo es la única razón para la salvación humana; pero están menos convencidos de que el número de los que se salvarán se limitará, en última instancia, a aquellos que hayan oído del evangelio y conscientemente hayan confiado en Jesucristo. Desean dejar abierta la posibilidad (y algunos la consideran una afirmación positiva) que Dios salvará *por medio de Cristo* a algunos que, aunque jamás oyeron de Cristo mientras vivían, se volverán a Dios con cierta forma de arrepentimiento y fe. Solo Dios puede evaluar aquel «volver» con su profundísimo conocimiento del corazón humano. Pero cada vez que alguien busque a Dios de aquella manera, será el resultado de la obra de la gracia de Él en los corazones y las vidas humanas, lo cual, según Pablo, sucede porque la voluntad de Dios así lo ha determinado.

> De un solo hombre hizo todas las naciones para que habitaran toda la tierra; y determinó los períodos de su historia y las fronteras de sus territorios. Esto lo hizo Dios para que todos lo busquen y, aunque sea a tientas, lo encuentren. En verdad, él no está lejos de ninguno de nosotros.
>
> *(Hch 17.26–27)*

Se han presentado varios argumentos a favor de esta postura.

Los creyentes del Antiguo Testamento

En el Antiguo Testamento hubo creyentes sobre quienes afirmaríamos sin lugar a dudas que fueron «salvos» a pesar de que jamás conocieron al Jesús de Nazaret de la historia. Su salvación permaneció como un asunto de la gracia y la iniciativa de Dios, pero la causa de ello estuvo en el sacrificio de Cristo, que aún estaba por venir en la historia. Es decir, ciertamente fueron salvos *por medio de* Jesús (cuya muerte tiene efecto en toda la historia humana), pero no porque lo *conocieron* (en el sentido de conocer la historia de la vida, la muerte y la resurrección de Jesús de Nazaret, esto es, el evangelio del Nuevo Testamento).

Claro que no podemos exactamente decir que el pueblo de Israel en el Antiguo Testamento «no había sido evangelizado». Con toda certeza, poseía una revelación especial de Dios como Yahvé, con toda la profundidad del pacto y de su redención que fluía de su experiencia histórica con Él. Recibieron las buenas nuevas de la redención histórica de Dios en el Éxodo y las promesas de salvación por medio del rey Mesías para el futuro. Hemos visto en este libro que los israelitas veterotestamentarios tuvieron un entendimiento bastante amplio y profundo respecto a la salvación y al Dios de esta.

Sin embargo, aún queda el hecho de que los israelitas veterotestamentarios no conocían al Jesús de Nazaret de la historia. No oyeron la predicación de la cruz de Cristo y la necesidad de arrepentirse y tener fe en Él. Según el significado del Nuevo Testamento, no fueron «evangelizados» con el evangelio que leemos en los evangelios, los Hechos y las epístolas. Creyeron en Dios como respuesta a lo que conocían de Él por medio del desarrollo de la revelación del Antiguo Testamento hasta aquel momento. Y para los que decidieron volverse a Dios con humilde arrepentimiento, fe y obediencia (como los salmistas), Él respondió con gracia y justicia salvadora.

Abraham es el ejemplo de esta fe salvadora, que se manifestó en ambos Testamentos por medio de la obediencia. «Abram creyó al Señor, y el Señor se lo reconoció como justicia» (Gn 15.6). Según Pablo (Ro 4.3), Abraham respondió al evangelio, pero no al evangelio según la forma del Nuevo Testamento, que se relaciona específicamente con Jesucristo. Más bien, afirma Pablo, «la Escritura […] *anunció de antemano el evangelio* a Abraham: "Por medio de ti serán bendecidas todas las naciones"» (Gá 3.8). Las «buenas nuevas» en el contexto de Génesis consistía en que Dios se propuso bendecir a todas las naciones de la raza humana a pesar del pecado y la rebelión, y lo haría por medio de los descendientes de Abraham. En esto creyó este patriarca, cuya fe en la promesa de Dios fue considerada una justicia salvadora.

Los creyentes que no eran israelitas

Quizá estemos de acuerdo en que los creyentes israelitas se encontraban en una posición especial. Pero el Antiguo Testamento también describe la manera en que Dios respondió con su misericordia a aquellos que *no* pertenecían a la nación del pacto, como Rahab (Jos 2), Rut (Rut 1.16–17), la viuda de Sarepta (1R 17.24), Naamán (2R 5.15–18) y los pecadores arrepentidos, como los ninivitas (Jon 3.10). Todos estos personajes se unieron a la comunidad de los salvos porque tuvieron fe en el Dios que descubrieron por medio del testimonio de los israelitas. Así que, en cierto sentido, se podría decir que fueron «evangelizados», incluso si lo que oyeron no se parecía en nada al evangelio del Nuevo Testamento. Todos ellos son ejemplos de la gran visión del Antiguo Testamento respecto a gente de todas las naciones que serían bendecidas por medio del pueblo de Abraham.

Pero tenemos también a aquellos que fueron salvos y que vivieron mucho tiempo antes de que incluso empezara la revelación de la salvación incorporada a la historia de Israel, esto es, antes de Abraham; por ejemplo, Enoc. Esto quizá también incluya a algunos personajes proverbiales y justos como Noé, Job y Daniel (Ez 14.14, 20), quienes no solo vivieron «a. C.» (antes de Cristo) sino también «a. A.» (antes de Abraham). Por ejemplo, el Nuevo Testamento utiliza la fe de Enoc, la cual es de la clase necesaria para agradar a Dios.

> Por la fe Enoc [...] recibió testimonio de haber agradado a Dios. En realidad, sin fe es imposible agradar a Dios, ya que cualquiera que se acerca a Dios tiene que *creer que él existe* y que recompensa *a quienes lo buscan.*
>
> (Heb 11.5–6, *las cursivas son mías*)

Obviamente, el autor de Hebreos no podía comentar acerca de la fe *en Jesús*, dado que para Enoc ello era imposible. Sin embargo, confió en Dios y lo buscó de todo corazón, y Él lo salvó y sacó de este mundo. Así que se podría plantear la siguiente pregunta: ¿ha habido o aún hay personas que cumplen los requisitos de Enoc, esto es, que creen que Dios existe y que lo buscan de todo corazón? Y de ser esto cierto, ¿acaso Dios no los salva de la misma manera, por la misma razón (su fe) y por la misma causa (la muerte de Cristo)?

Entonces, si la propia Biblia nos dice que fue posible que aquellos que vivieron en tiempos pasados antes de Cristo fuesen salvos por medio de Cristo sin conocerlo —porque era *históricamente* imposible que así lo hiciesen—, ¿acaso no puede ser igual de posible que Jesús salve hoy a quienes por causas *geográficas* u otros obstáculos no lo conocen? Estas personas viven, cronológicamente hablando, después de Cristo (d. C.), pero de hecho también viven, hablando en términos de la información que conocen, antes de Cristo (a. C.). Es decir, según lo que conocen, se encuentran en la misma condición que aquellos que vivieron antes de Cristo. ¿Habrá gente como Enoc entre ellos que creen en Dios y lo buscan de todo corazón? Los que sostienen esta postura anhelan que así sea y confían en que, si hubiera tales personas, entonces Dios les responderá con su gracia salvadora; pero solo Él sabe quiénes o cuántos son, porque solo Dios conoce el corazón del ser humano.

Una multitud que nadie podía contarla

Nuestro versículo testigo nos dice que el canto de salvación será entonado por una multitud «... tomada de *todas* las naciones, tribus, pueblos y lenguas [...]», tan grande que nadie podrá contarla (Ap 7.9, las cursivas son mías). Esto se parece mucho a la afirmación que el Antiguo Testamento ofrece en lugares como el salmo 86.

> *Todas las naciones que has creado*
> vendrán, Señor, y ante ti se postrarán
> y glorificarán tu nombre.
>
> *(Sal 86.9, las cursivas son mías)*

Estas palabras podrían interpretarse en un sentido general o similar. Es decir, pueden significar tan solo que habrá toda clase de gente de todo trasfondo étnico que será salva y que adorará a Dios. Pero, si lo interpretamos de modo más detallado, entonces se afirma que Dios habrá salvado a gente de cada una de las etnias, las culturas y los grupos lingüísticos de la raza humana a lo largo de la historia.

Si esto es lo que quiere decir Apocalipsis 7.9 (y el salmo 86.9), entonces el conteo final de los redimidos ciertamente incluirá a más personas de las que hayan sido evangelizadas por misioneros cristianos en los siglos posteriores a Pentecostés. Muchas tribus, pueblos y naciones ya han desaparecido de la historia humana mucho antes de que el evangelio pudiera alcanzarlos. De hecho, muchos pueblos y lenguas desaparecieron mucho antes de que incluso Jesús naciera, en aquella gran enormidad de cultura humana miles de años antes de Cristo. Así que, si en el día final, Jesús salvara a algunos de ellos provenientes de aquellas tribus y naciones, entonces serían salvos por medio de Él, pero sin haber oído de Él. Sin embargo, si queremos seguir con este argumento, debemos ser cautos para poder comprender lo que se dice y lo que *no* se dice.

Al final la salvación no llega a todos. Primero, no estamos defendiendo el universalismo, el cual afirma que todos serán salvos sin que importe en lo que crean o la manera en que conduzcan sus vidas. La Biblia claramente niega esta clase de universalismo. Más bien, esta postura afirma que hay un principio básico que se aplica a todos los seres humanos, es decir, que solo la gracia de Dios salva, la cual se recibe por medio del arrepentimiento y la confianza en su misericordia. Si cualquier ser humano que, habiéndose dado cuenta de su incapacidad de vivir incluso según las normas de su propia conciencia, se arrepiente de haber intentado vivir por sus propios esfuerzos y fracasos y ruega a Dios por su misericordia, sin que importe cómo lo perciba, ¿acaso

Él no le responderá con la gracia salvadora de Cristo, incluso si jamás logró escuchar acerca de Él en esta vida?

La salvación no llega por ser sinceros. Segundo, esta postura no afirma que la gente buena y sincera y que pertenece a otras religiones o incluso al cristianismo será salva por razón de su bondad y sinceridad. De hecho, sucede justamente lo contrario. En la escandalosa parábola del cobrador de impuestos y el fariseo, Jesús explica que fue el hombre religioso y de admirable bondad quien *no fue* justificado, mientras que el pecador, que fue tan solo capaz de implorar a Dios por su misericordia, se marchó a casa, según Jesús, «justificado ante Dios» (Lc 18.14). Todos los que al final se salven se salvarán por la gracia de Dios, no por su bondad o sus méritos. La esencia del evangelio consiste en que Él salva a los pecadores que saben muy bien que lo son y se arrepienten de su pecado y de su egoísmo y recurren a Dios.

La salvación no llega por medio de otras religiones. Tercero, esta postura no afirma que los fieles de otras religiones se salvarán por medio de los «sacramentos» de sus propios sistemas religiosos o que otras religiones son caminos temporales de la salvación. El Nuevo Testamento solo se refiere a la salvación en términos de en Cristo y por medio de Él. En todo caso, como hemos afirmado con toda claridad anteriormente, Dios es el que salva, no las religiones. Una cosa es creer que Dios salva por medio del sacrificio de Cristo a los que se vuelven hacia Él con arrepentimiento y fe *en el contexto de* otra religión (sencillamente porque allí es donde la persona se encuentra), y algo muy distinto es decir que aquella persona se salva *por medio de* otra religión. Incluso si aceptamos la posibilidad de la primera opción, no afirmamos necesariamente la segunda.

La gracia soberana

Según mi opinión, es inaceptable que la primera postura anterior sea un informe adecuado respecto a lo que la Biblia enseña en general. Hemos visto que todo el énfasis de ella yace en la salvación como algo que Dios ha llevado a cabo en la historia y que forma parte de su soberanía. Me parece que es un atrevimiento de nuestra parte que limitemos la soberanía de la gracia salvadora de Dios a la obediencia evangelizadora de la iglesia (o, mejor dicho, a la falta de ella). Es decir, aunque si bien sigo afirmando que la salvación solo es posible por medio de Cristo y que la vía normal por la que Dios lleva a cabo la salvación es mediante aquellos que conocen a Jesús y lo testifican a los que todavía no lo conocen para conducirlos al arrepentimiento y la fe (esto es, la evangelización), se me hace imposible dar el siguiente paso y afirmar que, de alguna manera, Dios no sea capaz o no quiera salvar a cualquiera en cualquier momento de la historia humana, excepto, y hasta, que algún cristiano los alcance con una explicación inteligible de la historia del evangelio.

Esta postura, si se la lleva a sus máximas consecuencias teológicas, significaría que al final de los finales, los elegidos de Dios (es decir, los que constituirán el número final de los habitantes redimidos de la nueva creación) serán un subconjunto de aquellos que fueron evangelizados por nosotros. Sería como decir que solo los que han sido evangelizados pueden ser salvos, pero que en realidad no todos los que han sido evangelizados se salvarán; así que el número total de los que Dios salvará será menor que el número total de evangelizados por nosotros. Y ello me parece que restringe la obra de la gracia de Dios a las limitaciones de nuestros propios esfuerzos evangelísticos.

Pienso que la Biblia nos da razones para creer que lo opuesto es cierto. Es decir, que los que hayan respondido a la clara y abierta evangelización cristiana serán un subconjunto del número final de los elegidos y redimidos, porque Dios opera según su gracia soberana para alcanzar y tocar las vidas hasta en los confines de la tierra y en todos los momentos de la historia. Hay muchos ejemplos de las misiones cristianas respecto a encuentros con gente que tuvo una experiencia o una revelación de la gracia salvadora de Dios incluso mucho antes de que apareciesen los misioneros cristianos y que, por lo tanto, recibieron de todo corazón las buenas nuevas de Jesús. Lo que el Antiguo Testamento nos prepara para recibir, esto es, la aparición de gente temerosa de Dios en los lugares más improbables del mundo (incluso entre los enemigos del pueblo de Dios), se repite en la historia de las misiones transculturales.

El ímpetu de la evangelización no debe disminuir

La esperanzadora posibilidad de que Dios llegue a salvar, según su gracia soberana, a algunos de quienes la iglesia jamás logrará alcanzar con el evangelio (o que murieron antes de que la iglesia pudiera alcanzarlos) no reduce de ninguna forma la obligación que ella tiene por la misión y la evangelización. Sabemos que absolutamente toda la raza humana vive en un estado de pecado y enfrenta el juicio de Dios. Todos hemos pecado. Todos estamos eternamente perdidos, excepto por la gracia salvadora de Él. Sabemos que Dios ha provisto los medios para nuestra salvación gracias a la cruz y la resurrección de Jesús. Conocemos que el propio Cristo nos ha mandado que hagamos saber esto a las naciones y que invoquemos a hombres y mujeres de todo el mundo a que respondan con arrepentimiento, fe y obediencia. Si queremos ser obedientes a su mandato, no tenemos la libertad de predicar lo contrario.

Sin embargo, si Dios, en la soberanía de su gracia, sin incluir los esfuerzos evangelísticos humanos, enciende en el corazón de cualquier ser humano el arrepentimiento y la fe que finalmente lo conduce a la salvación por medio de Cristo, entonces, a no ser que nos encontremos con esta persona más adelante en nuestras vidas, esta obra de fe y salvación será por definición desconocida para nosotros, pero conocida solo para Dios. Nos causará alegría y le daremos la gloria a Él cuando nos encontremos con esa persona en esta vida o en la nueva creación. Pero ello no nos da mayores excusas para desobedecer la gran comisión, como sucede con la doctrina de la elección, si bien esta también ha sido acusada de que frena la evangelización. Al final, según nuestra propia óptica, solo estaremos seguros de que la gente es salva cuando seamos fieles a nuestro testimonio y veamos que las personas responden a Cristo con arrepentimiento y fe. De ello se trata nuestra obligación y nuestro gozo. Más allá de esto, dejemos que Dios sea Dios.

Dejemos que Dios sea Dios

Con esta expresión quiero decir que, luego de todos los argumentos que hemos analizado anteriormente, quizá debamos tener un poco de criterio y humildad para afirmar que esta es una pregunta que no deberíamos formular o ante la cual solo podemos esperar una respuesta simple, pues un aspecto de las consecuencias de la afirmación de que «la salvación viene de nuestro Dios» es dejar en sus manos la decisión de quién se salva o no. Deuteronomio 29.29 nos recuerda que hay asuntos secretos que pertenecen solo al Señor, y Pablo nos dice que el «Señor conoce a los suyos» (2Ti 2.19).

- Sabemos que todos los seres humanos nos encontramos en la *necesidad* de ser salvos, porque de otro modo estaríamos muertos en nuestros pecados y sometidos a la condena de nuestra maldad.
- Conocemos que Dios envió a su Hijo al mundo para salvar a los pecadores.
- Sabemos que Él desea salvar a los seres humanos, porque no se alegra «con la muerte del malvado, sino con que se convierta de su mala conducta y viva» (Ez 33.11).
- Conocemos que Dios ha provisto el camino de la salvación por medio de la sangre de Cristo, que fue derramada en la cruz para que recibiésemos el perdón.
- Sabemos que aquellos que depositan su fe en Cristo pueden tener seguridad de su salvación. Pero debemos evitar desviarnos y creer que podemos imponerle a Dios los límites de la salvación o pretender que sabemos con certeza el destino eterno de los que han muerto, porque solo Él es el juez.

Al poco tiempo del terrible tsunami que aconteció el 26 de diciembre de 2004, me sentí horrorizado cuando escuché que un predicador cristiano expresó sus opiniones de una manera radical e inflexible al decir que cientos de miles de habitantes se habían ido «directamente al infierno». ¿Quién le dio el derecho a expresarse de esta manera? En realidad, se fueron directamente a la presencia de Dios, su creador y juez, Dios de la perfecta justicia y misericordia, de la ira y del santo amor; ante Dios, que conoce los pecados de los pecadores, que sufre el dolor por sus pecados y que conoce los secretos de cada corazón humano. Solo este Dios determinará el destino eterno de cada ser humano.

Me parece que esta debería ser la manera en que debemos abordar aquellas preguntas acerca de nuestros antepasados que murieron antes de la llegada de los evangelistas cristianos. Me parece un error que se diga con tanta firmeza y terquedad que sin lugar a dudas todos se han ido al infierno, así como es un error también decir con una compasión equivocada que todos se han ido al cielo. Lo que sí podemos afirmar con certeza bíblica es que todos se han presentado delante de Dios que los creó y amó, que envió a Cristo para morir por ellos y que sabe todo lo que hicieron o no hicieron y todo lo que supieron o no supieron, y que los juzgará con perfecta justicia y misericordia. Quizá sintamos vergüenza de que el evangelio no haya llegado a estos nuevos creyentes mucho antes; pero podemos estar igualmente seguros de que Dios amó a sus antepasados con la misma intensidad que ama a sus descendientes, porque Él, que es el Juez de toda la tierra, ¿no hará justicia? (Gn 18.25).

La soberanía de Dios y el sentido de seguridad pastoral

Esto nos conduce de regreso a la pregunta acerca del sentido de seguridad que ofrece la labor pastoral en relación con la salvación en todas sus dimensiones. En el capítulo 1 hemos analizado la amplia variedad de formas en que la Biblia usa el lenguaje de la salvación. En las narrativas bíblicas, Dios salva a los seres humanos de muchas maneras distintas, y toda la salvación «viene de nuestro Dios, que está sentado en el trono». Entonces, ello significa que *todas* las dimensiones de la salvación bíblica aún permanecen en los designios de la soberanía de Dios. Él aún tiene el poder de sanarnos de las enfermedades, rescatarnos de los peligros y la muerte, liberarnos de la opresión, perdonar nuestros pecados y nuestra culpa y otorgarnos su supremo don, esto es, la vida eterna en la nueva creación. Cualquiera de estas obras del poder salvífico de Dios sigue siendo parte de su don soberano. Sin embargo, desde el punto de vista pastoral, no todas ofrecen el mismo sentido de seguridad.

¿Qué prometemos?

Cuando nos dedicamos a la labor evangelística o pastoral, ¿qué es exactamente lo que podemos prometer a aquellos que se han vuelto a Dios con arrepentimiento y fe? Tenemos a nuestra disposición todo el fundamento escritural que nos permite asegurarles a los pecadores que, si se arrepienten y confían en la obra salvadora de Cristo, pueden tener el perdón de sus pecados, de que se salvarán de la ira de Dios en el día final y de que recibirán el don de la vida eterna. Como vimos en el capítulo 5, la seguridad de la salvación eterna yace en las claras y abundantes promesas de Dios en la Biblia. Podemos tener la plena seguridad de que cuando rechacemos el pecado y depositemos nuestra fe en Jesucristo, Dios perdonará de una manera libre y plena nuestro pecado (su perdón), nos reconciliará consigo mismo (la justificación), nos dará una nueva vida (la regeneración), dejaremos de ser enemigos (la reconciliación) y nos incorporará a su familia (la adopción). En otras palabras, las promesas de Dios nos garantizan que hemos sido salvados *en relación con el pecado y sus consecuencias eternas*, y que estamos siendo salvados y que seremos salvados; todo ello sobre el fundamento de la cruz y la resurrección de Jesucristo. Estas son las grandes verdades de la salvación bíblica en las que debemos confiar plenamente, las cuales podemos prometérselas a los demás por causa de las claras promesas de parte de Dios mismo.

¿Y qué sucede con tantos otros beneficios a los que se refiere la Biblia usando una terminología «salvífica», es decir, la sanidad, la libertad de la opresión, el rescate del peligro y la muerte, etc.? La Biblia demuestra que Dios es capaz de concérdeselos a algunas personas en tiempos y lugares particulares. ¿Será acaso una promesa bíblica que Dios realice esto todo el tiempo y para todos los que lo piden y confían en ello? ¿Será que la fe *garantiza* el cumplimiento de todos los demás aspectos del poder salvífico de Dios *en esta vida*?

Hay ciertas clases de predicación y enseñanza cristiana que parecen prometer aquello. Algunas formas de enseñanzas en torno a la prosperidad aseguran que *siempre* es la voluntad de Dios salvarte de la pobreza y hacerte rico, aquí y ahora. Asimismo, algunas campañas de sanidad aseguran que *siempre* es la voluntad de Dios salvarte de la enfermedad y darte plena salud, aquí y ahora. Aseguran que la fe es la clave, que se debe tener fe, o suficiente fe, o la clase correcta de fe, para poder tener al alcance todos los beneficios de la salvación de Dios en esta vida presente. No hay necesidad de esperar hasta llegar al cielo.

Así que ¿nos garantiza la fe toda clase de salvación que nos podamos imaginar, incluyendo aquellas en las que la Biblia usa una terminología de la salvación? Pues, según Hebreos 11, no es así.

La fe y la salvación según Hebreos 11

En Hebreos 11 aparece una lista de las obras salvíficas de Dios en relación con la fe de muchos personajes del Antiguo Testamento. Se mencionan los nombres de algunos, mientras que otros permanecen anónimos, pero el factor común de todos ellos es la fe. Ahora, según

Hebreos 11.32–35a, muchos experimentaron aspectos materiales, físicos y militares de la salvación de Dios, pese a que no lograron experimentar todo lo que les había prometido (de la misma manera en que nosotros aún no hemos experimentado todas las promesas).

> ¿Qué más voy a decir? Me faltaría tiempo para hablar de Gedeón, Barac, Sansón, Jefté, David, Samuel y los profetas, los cuales por la fe conquistaron reinos, hicieron justicia y alcanzaron lo prometido; cerraron bocas de leones, apagaron la furia de las llamas y escaparon del filo de la espada; sacaron fuerzas de flaqueza; se mostraron valientes en la guerra y pusieron en fuga a ejércitos extranjeros. Hubo mujeres que por la resurrección recobraron a sus muertos.
>
> *(Heb 11.32–35a)*

Pero en un giro muy importante en el versículo 35b, se nos informa que *otros no* experimentaron la salvación de esta manera inmediata.

> Otros, en cambio, fueron muertos a golpes, pues para alcanzar una mejor resurrección no aceptaron que los pusieran en libertad. Otros sufrieron la prueba de burlas y azotes, e incluso de cadenas y cárceles. Fueron apedreados, aserrados por la mitad, asesinados a filo de espada. Anduvieron fugitivos de aquí para allá, cubiertos de pieles de oveja y de cabra, pasando necesidades, afligidos y maltratados. ¡El mundo no merecía gente así! Anduvieron sin rumbo por desiertos y montañas, por cuevas y cavernas.
>
> *(Heb 11.35b–38)*

Entonces, el autor de Hebreos nos dice que hubo aquellos que, aunque tuvieron la misma fe que los de la primera lista, fueron torturados a muerte y no rescatados. Fueron agredidos y jamás defendidos en esta vida; fueron encarcelados sin jamás recibir libertad; fueron oprimidos sin nunca recibir justicia; sufrieron pobreza sin gozar de alivio. En estos casos, la salvación jamás llegó para ellos en esta vida terrenal.

Por cada Sadrac, Mesac y Abednego que fueron liberados porque supieron que «el Dios al que servimos *puede* librarnos del horno» (Dn 3.17, las cursivas son mías), hubo muchos otros que perecieron en medio de las llamas o entre los leones. Para personas como estas, se convirtió en realidad lo que para los tres amigos de Daniel fue una posibilidad: «Pero, aun si nuestro Dios no lo hace así [librarnos del peligro], sepa usted que no honraremos a sus dioses ni adoraremos su estatua» (Dn 3.18). Sin embargo, en algunas situaciones, sin explicación alguna, Dios elige no salvar a alguien que está en medio de estos males. Pero el autor de Hebreos prosigue: «Todos obtuvieron un testimonio favorable mediante la fe» aunque su salvación no se llevó a cabo en aquellas circunstancias terrenales.

> *Aunque todos obtuvieron un testimonio favorable mediante la fe*, ninguno de ellos vio el cumplimiento de la promesa. Esto sucedió para que ellos no llegaran a la meta sin nosotros, pues Dios nos había preparado algo mejor.
>
> *(Heb 11.39–40, las cursivas son mías)*

Este pasaje debería servir de crítica contra todas aquellas promesas falsas y exageradas de sanidad y prosperidad instantánea como resultado de la fe. Algunos fueron salvados (en el sentido terrenal) y otros *no*, pero todos tuvieron fe y obtuvieron un testimonio favorable por ella. Entonces, la diferencia no yace en la presencia o ausencia de fe, sino en los misteriosos caminos de Dios, quien sigue siendo soberano. La salvación, según todos sus significados, viene de Él. Podemos prometer lo que Dios claramente promete (la salvación eterna para aquellos que se arrepienten y confían en Él), pero no debemos prometer lo que Dios no ha prometido (liberación de todos los problemas o sufrimientos de esta vida).

La eternidad y la historia

Entonces, debemos reconocer que, según la Biblia, es posible que Dios nos salve del pecado por toda la *eternidad*, pero no nos libere de los peligros, las enfermedades o la muerte en esta vida, es decir, en la *historia*. Hubo dos ladrones que fueron crucificados junto con Jesús. Ninguno de ellos fue salvado de su agonizante muerte física, como tampoco Jesús. Pero uno de ellos murió maldiciendo a Dios, mientras que el otro falleció de camino al paraíso junto con Cristo, porque tuvo fe en Él. Ninguno de ellos fue salvado físicamente, pero uno fue salvo para toda la eternidad.

Por otro lado, también existe otra posibilidad, la de recibir los beneficios de las bendiciones de la obra salvífica de Dios en la historia, pero no corresponder con arrepentimiento, fe y obediencia y, por lo tanto, no lograr la salvación eterna. Dios es capaz de cumplir obras maravillosas por la gente, lo que la Biblia describe con la terminología de la salvación; sin embargo, esta misma gente puede optar por rebelarse y rechazar a Dios, lo que al final produce su destrucción.

Ese fue el destino de los israelitas de la generación del Éxodo, que el Antiguo Testamento claramente describe con la terminología de la salvación después de experimentar la liberación de Dios. Pablo usa este hecho como una advertencia, de la siguiente manera:

> No quiero que desconozcan, hermanos, que nuestros antepasados estuvieron todos bajo la nube y que todos atravesaron el mar. Todos ellos fueron bautizados en la nube y en el mar para unirse a Moisés. Todos también comieron el mismo alimento espiritual y tomaron la misma bebida espiritual, pues bebían de la roca espiritual que los acompañaba, y la roca era Cristo. Sin embargo, la mayoría de ellos no agradaron a Dios, y sus cuerpos quedaron tendidos en el desierto.
>
> *(1Co 10.1–5, ver también todo el contexto de este pasaje)*

Parece que esto también ocurrió en muchas historias del evangelio. No todos los que fueron sanados o alimentados por Jesús necesariamente se convirtieron en agradecidos y arrepentidos discípulos cuyo destino final fue el reino de Dios. Unos experimentaron algunas de las bendiciones del poder salvífico de Dios por medio de Cristo, pero no se volvieron a Él para que Dios los salvara de las más profundas necesidades que hay en todo corazón humano.

Entonces, debemos considerar todo lo que la Biblia enseña en su conjunto respecto a la salvación y todo lo que incluye en su diverso y amplio vocabulario. Pero debemos ser cautos y observar la diferencia que hay entre la seguridad de la salvación en relación con las consecuencias eternas del pecado y el reconocimiento de que, si bien Dios es capaz de librarnos de «muchas dificultades» en esta vida, no siempre lo hace. Así como Sadrac, Mesac y Abednego, necesitamos lograr un equilibrio entre estas dos afirmaciones que son igual de intensas:

- Nuestro Dios es *capaz* de salvarnos por completo (de peligros físicos y de la muerte).
- Pero, aun si nuestro Dios *no lo hace así...*

Afirmamos la *total capacidad* de Dios para salvarnos; pero también su *total libertad* para hacer lo que Él decida. De ello se trata su soberanía respecto a la salvación. Toda salvación, en cada nivel y aspecto, viene de nuestro Dios, que está sentado en el trono.

Nuestra respuesta frente a estas situaciones debe ser la misma que la del apóstol Pablo, quien rogó a Dios tres veces para que lo librara de la espina clavada en su cuerpo, pero Él no lo hizo; mas, en cambio, le prometió darle la gracia suficiente para que pudiera soportar aquel dolor:

> Pero él me dijo: «Te basta con mi gracia, pues mi poder se perfecciona en la debilidad». Por lo tanto, gustosamente haré más bien alarde de mis debilidades, para que permanezca sobre mí el poder de Cristo. Por eso me regocijo en debilidades, insultos, privaciones, persecuciones y dificultades que sufro por Cristo; porque, cuando soy débil, entonces soy fuerte.
>
> *(2Co 12.9–10)*

Para reflexionar y debatir

1. ¿De qué manera la soberanía y la universalidad de Dios logran consolidar tu motivación y razón de cumplir con la misión?

2. ¿De qué manera la visión del Antiguo Testamento respecto a la inclusión de las naciones a un Israel y Sion ampliados afecta tu entendimiento de (a) la teología y la práctica de la misión del Nuevo Testamento, y (b) tu propia postura respecto al futuro plan de Dios para las naciones y la misión de la iglesia?

3. ¿Cuál es tu evaluación de las dos posturas respecto al destino de los no evangelizados, incluyendo los antepasados no evangelizados? Verifica que tu propia postura se fundamente en la clara enseñanza de la Biblia. Respecto a este asunto difícil, ¿cuánto crees que podemos afirmar y cuánto debemos dejar en las manos de Dios?

4. ¿Qué le dirías a alguien que sostiene que las promesas de Dios garantizan la sanidad de toda enfermedad y la liberación de la pobreza al igual que la salvación eterna? ¿A qué fuentes bíblicas recurrirías para enfrentar este asunto?

Capítulo 7

La salvación
y el Cordero de Dios

Retornamos por última vez a nuestro pasaje testigo. La gran multitud proveniente de todas las naciones se reunió alrededor del trono de Dios y exclamó: «¡La salvación viene de nuestro Dios, que está sentado en el trono, *y del Cordero!*».

A lo largo de este libro hemos analizado distintos aspectos de este gran pasaje. Hemos notado que se centra en Dios, en el pacto y en la historia. Hemos reflexionado acerca de la manera en que trata a nuestra necesidad humana y cómo la recibe nuestra experiencia de seres humanos. Hemos visto la forma en que conecta la salvación con la bendición de Dios y su soberanía. Ahora, finalmente, hemos llegado al aspecto cristocéntrico de la salvación bíblica. Esta salvación, que viene exclusivamente de parte de «nuestro Dios», es decir, del Dios bíblico de los pactos bíblicos, viene también de forma exclusiva del Cordero de Dios, porque, por medio de Cristo, Dios ha llevado a cabo su voluntad soberana y salvífica.

Jesús, el Dios que salva

Los primeros seguidores de Jesús, esto es, sus primeros discípulos y, luego de Pentecostés, los primeros creyentes, fueron judíos. Todos ellos sabían muy bien que solo Yahvé es Dios y que no hay ninguna otra fuente más de salvación entre los dioses o en la tierra. Sabían ello porque la Biblia se los había dicho, en especial Deuteronomio e Isaías, como ya hemos visto. Para toda su cosmovisión, para su sentido de identidad personal y su seguridad, nada fue más fundamental que saber que *Yahvé es el Dios que salva y que no hay otro*. Así que podemos darnos cuenta de cuán sorprendente fue que afirmaran lo mismo de Cristo, de que llegaran al pleno convencimiento de que su contemporáneo, Jesús de Nazaret, compartía la misma identidad con Yahvé su Dios, lo cual les permitió usar para ambos la misma terminología de la salvación. Jesús es capaz de realizar (y, de hecho, lo hace) lo que solo Dios puede hacer: salvar, como lo afirma su credo más básico. Por ello, así como los tres amigos de Daniel le dijeron a Nabucodonosor: «… el Dios al que servimos *puede* librarnos» (Dn 3.17), el autor de Hebreos les dijo a sus lectores: *Por eso* [Jesús] *también puede salvar por completo a los que por medio de él se acercan a Dios* (Heb 7.25).

Incluso durante su vida terrenal, las obras de Jesús plantearon la interrogante sobre su afirmación de que era capaz de hacer lo que solo Dios podía realizar, es decir, perdonar pecados (Mr 2.1–12). Así, en muchas ocasiones les dijo a quienes lo escuchaban que su fe los había salvado de distintas maneras, lo cual incluía la sanidad física, aunque todo parece indicar que era más que eso, como cuando afirmó que la salvación había llegado a la casa de Zaqueo debido a la respuesta que este le dio. La razón de su misión, dijo Jesús, era que «el Hijo del hombre vino a buscar y a salvar lo que se había perdido» (Lc 19.10).

El mayor escándalo que causaron las palabras y obras de Jesús no fue únicamente esta afirmación respecto a que podía llevar a cabo solo lo que Dios era capaz de hacer, sino el hecho de que para ello no incluía al templo. En el sistema religioso de Israel en aquellos tiempos, la norma por excelencia era que esta institución, con su sacerdocio y sacrificios, era la encargada de aprobar y dispensar el perdón. Sin embargo, Jesús lo concedía totalmente por medio de su propia autoridad y sin recurrir al sistema del templo.

En Hechos, en el atrio del propio templo, Pedro declaró que la salvación ahora se encuentra exclusivamente en Jesús, pues Él ha venido a ser el nuevo templo, el lugar donde yace la salvación.

> De hecho, en ningún otro hay salvación, porque no hay bajo el cielo otro nombre dado a los hombres mediante el cual podamos ser salvos.
>
> *(Hch 4.12)*

Esto concuerda con todas las predicaciones que se registraron en Hechos, ya sea de parte de Pedro o Pablo.

> Arrepiéntase y bautícese cada uno de ustedes en el nombre
> de Jesucristo para perdón de sus pecados —les contestó
> Pedro—, y recibirán el don del Espíritu Santo.
>
> *(Hch 2.38)*

> Por su poder, Dios lo exaltó como Príncipe y Salvador,
> para que diera a Israel arrepentimiento y perdón de
> pecados.
>
> *(Hch 5.31)*

> Por tanto, hermanos, sepan que por medio de Jesús se les
> anuncia a ustedes el perdón de los pecados.
>
> *(Hch 13.38)*

La gracia salvadora de Jesús (que se expresa en términos que el
Antiguo Testamento habría aplicado solamente a Yahvé) se encuentra
entre los primeros acuerdos doctrinales de la iglesia. En su primer
concilio, que se llevó a cabo en Jerusalén, se registró la siguiente
resolución:

> ¡No puede ser! Más bien, como ellos [los gentiles], creemos
> que somos salvos [los judíos] por la gracia de nuestro
> Señor Jesús.
>
> *(Hch 15.11)*

Más adelante, otro autor judío que escribió Hebreos describe a Jesús
como el autor de la salvación (Heb 2.10) o, más incluso, el de la
salvación eterna (Heb 5.9) y el mediador de la salvación plena para
todos los que por su intermediación se acercan a Dios (Heb 7.25). La
salvación bíblica se ciñe totalmente a la forma de Cristo, que encarna
en su propia persona la verdad de su propio nombre: «Yahvé es
salvación».

Jesús, el Cordero que fue sacrificado

«La salvación viene […] del Cordero». Cuando el Cordero hace su
primera aparición en la gran visión de Juan, se afirman dos cosas acerca
de Él:

> Entonces vi, en medio de los cuatro seres vivientes y del trono y los ancianos, a un Cordero que estaba de pie y parecía haber sido sacrificado.
>
> *(Ap 5.6)*

Se trata del Cordero que fue sacrificado y, al mismo tiempo, el que está sentado en el trono. La primera imagen nos señala a Jesús en calidad de Salvador crucificado, y la segunda, como el Salvador que resucitó y ascendió y que ahora reina. Obviamente, las dos son descripciones imprescindibles para la salvación que viene de Dios y del Cordero. Por ello, necesitamos considerar ambas y concentrarnos en la cruz.

¿Por qué decimos que la salvación viene del Cordero que fue sacrificado? Porque el origen y la razón de nuestra salvación se encuentra en el sacrificio histórico y único de Jesús en la cruz. Sin esta, el cristianismo sería un cristianismo sin salvación.

La cruz es fundamental para el plan de Dios en la historia

El primer paso del Cordero en la visión de Juan es tomar el rollo de la mano de Dios y empezar a abrir sus siete sellos. El rollo parece representar a toda la historia humana, pero no solo como una cronología secuencial, sino como uno que se refiere al propósito de Dios en la historia. Esta tiene un significado y sentido de dirección, pero ¿cuál? Los filósofos y los historiadores han debatido esta interrogante, pero ninguno de ellos o de nosotros tiene la habilidad de interpretar toda la historia y explicar la mente de Dios que se revela en ella. Entonces, ¿quién tiene la capacidad de hacerlo? El Cordero de Dios, es decir, el Jesús *crucificado*. Jesús y la cruz ofrecen la clave para todo el significado de la historia humana en el plan divino. ¿Cuál es la razón de ello?, ¿por qué es clave el *Jesús crucificado* para saber el significado de la historia? El canto que Juan oye inmediatamente después lo explica:

> Y entonaban este nuevo cántico:
> > «Digno eres de recibir el rollo escrito
> > y de romper sus sellos,

porque fuiste sacrificado,
> y con tu sangre compraste para Dios
> gente de toda raza, lengua, pueblo y nación.
De ellos hiciste un reino;
> los hiciste sacerdotes al servicio de nuestro Dios,
> y reinarán sobre la tierra».

(Ap 5.9–10)

La cruz juega un papel central y clave en el plan de Dios para toda la historia por las tres razones que expresa este canto:

- *Porque es redentora.* Por medio de la muerte de Cristo, Dios ha redimido a la gente («con tu sangre compraste para Dios gente de toda raza, lengua, pueblo y nación»). Por ello, la humanidad «no se echará a perder». La historia tiene un final redentor por causa de la cruz.
- *Porque es universal.* Mediante la muerte de Cristo, Dios cumplió la promesa que le hizo a Abraham de que bendeciría a todas las naciones. Los redimidos por la cruz vendrán «de toda raza, lengua, pueblo y nación». La historia está llena de esperanza y significado porque, por causa de la cruz, la salvación está disponible a gente de todas las naciones, culturas y lugares.
- *Porque es victoriosa.* Por medio de la muerte de Cristo, Dios ha logrado la victoria contra todo lo que se opone y quiere destruir a su pueblo, el cual se beneficiará del reino de Dios mediante Jesús. Al final, el Cordero triunfará. La historia le pertenece al reino de Dios.

La cruz cumplió la misión de Dios para toda la creación

La Biblia nos presenta la misión de Dios para redimir y renovar toda su creación. Ya le hemos dado un vistazo en la revelación del Antiguo Testamento y hemos observado que cada aspecto de ella nos conduce definitivamente a la cruz de Cristo. El inevitable costo de la misión de Dios fue la cruz.

Se han escrito muchos libros con la intención de medir la profundidad de lo que Dios llevó a cabo por medio de la cruz de Cristo, por lo que sería imposible hacerlo en este breve espacio. Sin embargo, podemos, por lo menos, exponer algunos de sus aspectos más sobresalientes. ¿Qué nos enseña la Biblia respecto al gran plan de Dios para la salvación de la humanidad y la redención de la creación?

El propósito o la misión de Dios fue:

(1) Resolver el problema del pecado humano

La Biblia ha descrito de una manera completa el efecto del pecado en cada ser humano, y el grado de extensión de lo que Dios ha llevado a cabo en la cruz es igual de extenso. Las escrituras usan distintas metáforas para expresar la realidad ontológica de la expiación. Sin embargo, es importante que evitemos pensar en ellas como «simples metáforas», es decir, como si no se refirieran a realidades concretas. La expiación es una gran *realidad* cósmica, un logro que sobresale como la más grande verdad del universo; pero la amplitud y profundidad de aquella expiación es mucho más grande de lo que pudiera caber en una sola definición. Entre los conceptos claves se encuentran los siguientes:[9]

- *La justificación.* El pecado nos torna culpables delante de Dios y nos hace merecedores de su castigo. En la cruz, Él tomó aquella culpa y castigo sobre sí mismo en la persona de su propio Hijo, porque «el Señor hizo recaer sobre él la iniquidad de todos nosotros» (Is 53.6) y «él mismo, en su cuerpo, llevó al madero nuestros pecados» (1P 2.24); por lo tanto, nos presentamos delante de Dios *sin* culpa por razón de la justicia de Cristo. Por medio de la muerte sustitutiva de Cristo, somos justificados delante de Dios porque «al que no cometió pecado alguno, por nosotros Dios lo trató como pecador, para que en él recibiéramos la justicia de Dios» (2Co 5.21).
- *La redención/el rescate.* El pecado nos esclaviza y es un sometimiento del cual debemos ser liberados, pero la redención tiene un precio que se debe pagar. Dios pagó ese precio al dar a su Hijo, que vino «para dar su vida en rescate por muchos» (Mr 10.45). Por lo tanto, «en él tenemos la redención mediante su sangre, el perdón de nuestros pecados» (Ef 1.7).

---

[9] Los lectores deberán consultar obras más completas de teología sistemática y bíblica si desean realizar un estudio más extenso de la expiación.

- *La reconciliación.* El pecado nos torna en enemigos de Dios. Debe haber una reconciliación que elimine aquella enemistad. Aquello también fue algo que la cruz logró, porque «si, cuando éramos enemigos de Dios, fuimos reconciliados con él mediante la muerte de su Hijo, ¡con cuánta más razón, habiendo sido reconciliados, seremos salvados por su vida! Y no solo esto, sino que también nos regocijamos en Dios por nuestro Señor Jesucristo, pues gracias a él ya hemos recibido la reconciliación» (Ro 5.10–11).

- *La purificación.* El pecado nos contamina. En el Antiguo Testamento, la contaminación consistía en un estado en el que era imposible acercarse a la presencia de Dios. Uno de los efectos de la sangre de los animales sacrificados era eliminar aquella contaminación y permitir que la persona volviera a reunirse con Dios y su pueblo. En el Nuevo Testamento la sangre purificadora es la sangre del sacrificio de Cristo, por lo cual se lo llama «el Cordero de Dios»: «… la sangre de su Hijo Jesucristo nos limpia de todo pecado […]. Si confesamos nuestros pecados, Dios, que es fiel y justo, nos los perdonará y nos limpiará de toda maldad […]. Él es el sacrificio por el perdón de nuestros pecados, y no solo por los nuestros, sino por los de todo el mundo» (1Jn 1.7–2.2).

Estas son las maneras por las que Dios ha resuelto por medio de la cruz de Cristo las consecuencias del pecado en nuestras vidas. Después de haber sido culpables, esclavos, enemigos y haber estado contaminados, la cruz de Cristo nos trajo justicia, libertad, reconciliación y purificación.

(2) Derrotar los poderes del mal

A partir de Génesis 3, la Biblia muestra que el mal en el mundo es más que una simple realidad. Claro que somos totalmente responsables delante de Dios por la culpa de haber tomado nuestras propias decisiones pecaminosas, pero el pecado humano está estrechamente ligado con la maldad satánica. La Biblia nos enseña que hay fuerzas caídas del mal y ángeles rebeldes (recordemos que los ángeles son también parte de la creación de Dios y que no son «dioses»), que oprimen, aplastan, invaden y arruinan la vida humana. Las Escrituras no nos ofrecen una clara explicación respecto al *origen* del mal en la buena creación de Dios; pero sí nos enseñan con claridad el destino final de todas las fuerzas malignas, esto es, que serán totalmente destruidas. Todo esto Dios también lo ha llevado a cabo por medio de la cruz de Cristo, porque «desarmó a los poderes y a las potestades, y por medio de Cristo los humilló en público al exhibirlos en su desfile triunfal» (Col 2.15). La victoria de la cruz será sellada por la destrucción final de Satanás, tal como se describe en Apocalipsis. La cruz es la gran victoria cósmica de Dios por medio de Cristo.

(3) Destruir a la muerte

La muerte es el gran invasor y enemigo de la vida humana en este mundo que le pertenece a Dios. A partir del huerto del Edén, hemos estado sometidos a la muerte, tanto física como espiritual. Es decir, no solo somos mortales, sino que también estamos espiritualmente muertos en nuestro pecado, desterrados de la vida de Dios (Ef 2.1). Por ello, necesitamos una salvación que pueda enfrentar la realidad de la muerte según su pleno significado. Esto también Dios logró realizar por medio de la cruz y ahora nos la ofrece, porque «él también compartió esa naturaleza humana para anular, mediante la muerte, al que tiene el dominio de la muerte —es decir, al diablo—» (Heb 2.14). Por lo tanto, la cruz también se vuelve la puerta a una nueva vida, esto es, a la vida resucitada de Cristo, la cual es la vida de Dios; pero Él «que es rico en misericordia, por su gran amor por nosotros, *nos dio vida* con Cristo, aun cuando estábamos muertos en pecados. ¡Por gracia ustedes han sido salvados! (Ef 2.4–5, las cursivas son mías). Entonces, la salvación también incluye la regeneración y el nuevo nacimiento.

(4) Quitar el muro de enemistad y separación

El pecado trajo enemistad a la vida en la tierra, que empezó con la primera enemistad entre la serpiente y los descendientes de Adán y Eva. Entonces, la enemistad se convierte en una característica de la vida entre los seres humanos, tal como las siguientes narrativas lo demuestran. El plan divino de salvación incluía el llamado a Abraham y la formación de un nuevo pueblo, Israel, por medio del cual Dios bendeciría a todas las naciones; pero en el periodo veterotestamentario, Dios le ordenó a su pueblo que fuese santo; es decir, distinto de las demás naciones. De ello se trata el gran muro de división entre judíos y gentiles, que se expresaba en las estipulaciones respecto a lo puro y lo inmundo y que se mantuvo (del lado judío) gracias a un cumplimiento estricto de la ley.

Sin embargo, el plan de Dios siempre fue bendecir e incluir a todas las naciones entre su pueblo (tal como vimos en el capítulo 6). Así que, en última instancia, el muro de división entre judíos y gentiles debe ser demolido, y esto es exactamente lo que hizo la cruz. Aquellos que estaban muy distantes, alejados de la vida del pueblo de Dios y de todas las promesas y esperanzas que compartían, han sido ahora traídos a la presencia de Dios por medio de la cruz. Pablo utiliza la palabra «paz» tres veces en un breve pasaje de Efesios que describe este proceso. Cristo es nuestra paz; Cristo ha *hecho* la paz; Cristo vino y *predicó* la paz, y todo ello ha sucedido por medio de la cruz.

> Pero ahora en Cristo Jesús, a ustedes que antes estaban lejos, Dios los ha acercado mediante la sangre de Cristo.
>
> Porque Cristo es nuestra paz: de los dos pueblos ha hecho uno solo, derribando mediante su sacrificio el muro de enemistad que nos separaba, pues anuló la ley con sus mandamientos y requisitos. Esto lo hizo para crear en sí mismo de los dos pueblos una nueva humanidad al hacer la paz, para reconciliar con Dios a ambos en un solo cuerpo mediante la cruz, por la que dio muerte a la enemistad. Él vino y proclamó paz a ustedes que estaban lejos y paz a los que estaban cerca. Pues por medio de él tenemos acceso al Padre por un mismo Espíritu.
>
> *(Ef 2.13–18)*

Por lo tanto, una parte poderosa del mensaje del evangelio es la reconciliación que este ha traído, es decir, la reconciliación entre Dios y sus enemigos humanos.

(5) Sanar y reconciliar a toda su creación

La Biblia nos enseña que el pecado humano y la maldad satánica no solo han afectado a los seres humanos, sino también a la creación, por una especie de rompimiento y perversión que la ha afectado por completo. Ya en Génesis 3 leemos de ello cuando Dios declara:

> ¡Maldita será la tierra por tu culpa!
>> Con penosos trabajos comerás de ella
>> todos los días de tu vida.
>
> *(Gn 3.17)*

Pablo lo explica con mayor profundidad.

> La creación aguarda con ansiedad la revelación de los hijos de Dios porque fue sometida a la frustración. Esto no sucedió por su propia voluntad, sino por la del que así lo dispuso. Pero queda la firme esperanza de que la creación misma ha de ser liberada de la corrupción que la esclaviza, para así alcanzar la gloriosa libertad de los hijos de Dios.
>
> *(Ro 8.19–21)*

El propósito de Dios abarca toda su creación. Su plan de salvación incluye incorporar a toda la creación a una nueva, restaurada y unida en Cristo (Ef 1.9–10). De ello se trata la misión cósmica de Dios, y en la cruz Él cumplió todo esto, con anticipación, aunque aún no vemos su cumplimiento final. De una manera explícita, Pablo relaciona la cruz con este propósito cósmico y creacional de Dios en un pasaje sobresaliente en el que usa el término «todo/todas las cosas» cinco veces para describir a toda la creación.

> Él es la imagen del Dios invisible,
>> el primogénito de toda creación,
> porque por medio de él fueron creadas *todas las cosas*
>> en el cielo y en la tierra, visibles e invisibles,
>> sean tronos, poderes, principados o autoridades:
> *todo* ha sido creado
>> por medio de él y para él.
> Él es anterior a *todas las cosas*,
>> que por medio de él forman un *todo* coherente.
> Él es la cabeza del cuerpo,
>> que es la iglesia.
> Él es el principio,
>> el primogénito de la resurrección,
>> para ser en todo el primero.

> Porque a Dios le agradó habitar en él con toda su plenitud
> y, por medio de él, reconciliar consigo *todas las cosas*,
> tanto las que están en la tierra como las que están en el
> cielo,
> haciendo la paz mediante la sangre que derramó en la
> cruz.
>
> *(Col 1.15–20, las cursivas son mías)*

Entonces, «todas las cosas» que Cristo creó y que las sostiene, las ha reconciliado por medio de la cruz. De ello se trata el amplio panorama que Pablo ha logrado entender respecto a la salvación de Dios.

Estas inmensas dimensiones del plan de salvación de Dios están a nuestro alcance en la Biblia, donde se dice que su misión consiste en que:

- el pecado debe ser castigado y el pecador perdonado;
- el mal debe ser derrotado y la humanidad liberada;
- la muerte debe ser destruida y la vida y la inmortalidad revelada;
- los enemigos deben ser reconciliados, entre sí y con Dios;
- la propia creación debe ser restaurada y reconciliada con su Creador.

Y todas estas cosas condujeron a la cruz de Cristo. La cruz fue el precio inevitable que se tuvo que pagar por la misión de Dios, tal como Jesús lo aceptó durante su agonía en Getsemaní: «… no se cumpla mi voluntad, sino la tuya». Así que, mientras procesemos con nuestras mentes el concepto bíblico de la salvación, hagamos espacio para todo lo que la Biblia nos enseña. Se nos ha recordado con frecuencia en ella que la salvación no es tan solo una teoría, una doctrina o sencillamente un estado o experiencia subjetiva, sino lo que Dios ha hecho. La salvación bíblica es la realidad histórica de que Dios envió a su Hijo al mundo y que Él voluntariamente entregó su vida en la cruz para cumplir esa misión. Fue aquella inmensurable determinación del amor salvífico de Dios la que desembocó en aquellas seis horas del viernes a las afueras de Jerusalén, en aquel cuerpo ensangrentado que colgaba del madero, en un velo rasgado y un terremoto, en un terrible llanto de abandono: «Dios mío, Dios mío, ¿por qué me has desamparado?» y en aquella exclamación de triunfo y victoria: «Todo se ha cumplido», pues fue ciertamente en la cruz donde Jesús cumplió la misión de Dios, porque «en Cristo, *Dios* estaba reconciliando al mundo consigo mismo» (2Co 5.19, las cursivas son mías).

Además, recordemos que un pleno entendimiento de la expiación (de la que los puntos anteriores son tan solo un brevísimo bosquejo) supera ampliamente los asuntos de la culpa *personal* y el perdón *individual*, aunque, obviamente, los incluye. Estar plenamente conscientes de que Jesús murió en nuestro lugar, que cargó con la culpa de nuestros pecados en calidad de sustituto voluntario, constituye la verdad más gloriosa y liberadora a la que nos sujetamos con gozo, con lágrimas de felicidad y con agradecida adoración a Dios. El mayor impulso y la motivación para la evangelización se encuentra en nuestro deber de anhelar que los demás lleguen a conocer esta verdad y que, al entregar sus pecados a Dios con arrepentimiento y fe, lleguen a ser salvos y recibir su perdón. Pero en la teología bíblica de la cruz hay mucho más que solo la salvación individual, y en la misión, mucho más que únicamente la evangelización. El evangelio son las buenas nuevas para toda la creación. Cuando hacemos una lista de todos los demás aspectos del plan redentor de Dios (como hemos hecho anteriormente), no estamos «aguando» el evangelio de la salvación personal, sino que lo afirmamos en su pleno contexto bíblico de todo lo que Dios ha llevado a cabo y que finalmente terminará por medio de la cruz de Cristo.

La cruz da forma a toda nuestra misión

Hemos visto que la cruz fue el precio inevitable que se tuvo que pagar por la misión de Dios, pero también es igual de cierto y bíblico que ella es el centro inevitable de nuestra misión. *Toda la misión cristiana fluye a partir de la cruz;* es decir, esta es su fuente, su poder y la que define su alcance.

Es fundamental que veamos la cruz como el eje central de todo aspecto de la misión bíblica e integral, es decir, como el centro de todo lo que hacemos en el nombre del Jesús crucificado y resucitado. En mi opinión, es un error pensar que, aunque la evangelización debe estar centrada en la cruz (lo cual es obvio), nuestra participación social y otras formas de la práctica misionera podrían tener otros cimientos o justificaciones. ¿Cuál es la razón? Ello se debe a que en todas las formas de la misión cristiana que se lleva a cabo en el nombre de Cristo, nos enfrentamos a los poderes del mal y al reino de Satanás, lo cual incluye todas las funestas consecuencias en la vida humana y el resto de la creación. Si debemos proclamar y manifestar la realidad del reino de Dios en Cristo (es decir, que Dios es rey) en un mundo que todavía disfruta de gritar la consigna «no tenemos más rey que el emperador romano» y sus muchos sucesores, incluyendo al dios dinero, entonces nos enfrentaremos directamente con el reino usurpado del maligno, con todas las manifestaciones de sus legiones.

Se trata del testimonio unánime de aquellos que se esfuerzan tanto por la justicia, por las necesidades de los pobres y oprimidos, los enfermos y los iletrados como por quienes (a menudo los mismos) bregan de manera evangelística por traer al prójimo a la fe en Cristo como Salvador y Señor. En toda esta labor confrontamos la realidad del pecado y el mal, desafiamos la oscuridad del mundo con la luz y las buenas nuevas de Jesús y la plena salvación que Dios ofrece por medio de Cristo.

¿Por cuál de las autoridades podemos cumplir todo ello? ¿Con qué poder somos capaces de enfrentarnos a los poderes del mal? ¿Sobre qué base podemos amenazar con destruir las cadenas de Satanás en palabra y obra? Solo con la cruz. Únicamente en ella encontramos el perdón de los pecados, la derrota de los poderes del mal, la libertad del temor de la muerte, la reconciliación de los enemigos, la sanidad de la creación.

El pecado y la maldad constituyen malas noticias para cada área de la vida en este mundo. En cambio, la obra salvífica de Dios por medio de la cruz de Cristo es una buena nueva para cada una de ellas que el pecado ha logrado contaminar (es decir, para todas). Dicho de una manera muy directa, necesitamos un evangelio y una misión *integral* porque el mundo se encuentra en un caos *integral*. Por la increíble gracia de Dios, tenemos un evangelio lo suficientemente inmenso para inutilizar todo lo que han dañado el pecado y la maldad.

La razón por la que todo aspecto de aquellas buenas nuevas es totalmente bueno se debe únicamente a la sangre de Cristo en la cruz. En última instancia, todo lo que estará presente en la nueva creación redimida será por razón de la cruz. Asimismo, todo lo que no se encontrará allí (el sufrimiento, el llanto, el pecado, la corrupción y la muerte) se deberá a que la cruz lo habrá destruido. Por ello, tengo la firme convicción de que la misión integral debe tener una teología integral de la salvación que gire en torno a la teología integral de la cruz, con la convicción de que ella debe ser tan fundamental para nuestra participación social como lo es nuestra evangelización. No hay otro poder, ningún otro medio, ningún otro nombre por el que podamos ofrecer todo el evangelio al prójimo de una manera integral que el del Cristo crucificado y resucitado.

Jesús, el Cordero que está sentado en el trono

La resurrección y el dominio de Cristo

La salvación viene no solo del Cordero que fue sacrificado, sino también del que está sentado en el trono, porque reina por siempre con el Padre. Cristo comparte la soberanía del Señor del universo. Esto se puede apreciar en la impresionante visión que Juan presenta del trono de Dios, en donde está no solo el Señor Dios, el Creador (Ap 4.11), sino también el Cordero («Entonces vi, en medio de los cuatro seres vivientes y del trono y los ancianos, a un Cordero», Ap 5.6). Desde este trono se lleva a cabo un dominio que simultáneamente pertenece a Dios y Cristo. Obviamente, según nuestro entendimiento, no hay diferencia alguna respecto a la unidad de la Trinidad.

Para sustentar esta afirmación acerca de Jesús, se recurre al salmo que más se cita en el Nuevo Testamento:

> Así dijo el Señor a mi Señor:
> «Siéntate a mi derecha
> hasta que ponga a tus enemigos
> por estrado de tus pies».
>
> (Sal 110.1)

Pablo, entre otros, incorpora las dos partes de este versículo (el lado derecho de Dios; enemigos bajo sus pies) a su teología en torno al dominio del Jesús resucitado. A continuación, ofrezco un resumen de la «ubicación» presente de Jesucristo:

> Y cuán incomparable es la grandeza de su poder a favor de
> los que creemos. Ese poder es la fuerza grandiosa y eficaz

que Dios ejerció en Cristo cuando lo resucitó de entre los muertos y lo sentó a su derecha en las regiones celestiales, muy por encima de todo dominio y autoridad, poder y dominio, y de cualquier otro nombre que se invoque, no solo en este mundo, sino también en el venidero. Dios sometió todas las cosas al dominio de Cristo, y lo dio como cabeza de todo a la iglesia.

(Ef 1.19–22)

¿Dónde está Jesús ahora?

- Dios lo ha resucitado de entre los muertos; por ello, comparte la vida de Dios.
- Dios lo ha puesto a su diestra; por este motivo, comparte el dominio de Dios.
- Dios ha sometido todas las cosas a los pies de Cristo; por eso, comparte la victoria de Dios.

El Jesús crucificado es ahora el Señor resucitado que reina. De esto se trata esta gran verdad complementaria a todo lo que hemos venido estudiando en las secciones anteriores acerca de la cruz. La resurrección fue el sello de aprobación de Dios respecto a lo que Cristo logró por medio de su muerte voluntaria en la cruz.

La resurrección y nuestra salvación

La resurrección constituye otra parte vital de nuestra seguridad de la salvación, además de los puntos que ya hemos mencionado en el capítulo 5. Como Pablo dijo:

Porque si, cuando éramos enemigos de Dios, fuimos reconciliados con él mediante la muerte de su Hijo, ¡con cuánta más razón, habiendo sido reconciliados, seremos salvados por su vida!

(Ro 5.10)

La resurrección de Jesucristo nos ofrece el ejemplo para nuestra propia resurrección futura. Por ello, es importante que evitemos decir algo como esto: «Jesús murió y fue reavivado», como queriendo dar a entender que tan solo fue resucitado para continuar viviendo por un tiempo más en la tierra hasta que finalmente muriere. Jesús no murió y «volvió a la vida». Murió y prosiguió hacia adelante; es decir, luego de su resurrección sigue viviendo hasta el fin de los tiempos. Es el primer fruto de la nueva creación. Así que su resurrección nos garantiza la nuestra y la vida que disfrutaremos con Él en la nueva creación cuando transforme «nuestro cuerpo miserable para que sea como su cuerpo glorioso, mediante el poder con que somete a sí mismo todas las cosas» (Fil 3.21).

Desde luego, es el Cristo resucitado que envió a su Espíritu, tal como lo prometió, para poner en práctica su labor principal (como vimos en el capítulo 5): la salvación en nuestros corazones y testificar que hemos sido adoptados como hijos de Dios para dar fruto en nuestras vidas, para fortalecernos y reafirmarnos en nuestro testimonio de Cristo.

La resurrección y el dominio universal de Cristo

Es muy probable que en Filipenses 2.6–11 Pablo haya citado uno de los primeros himnos cristianos acerca de Jesús, el cual muestra con claridad que se le rendía el mismo honor y culto que hasta ese momento solo se le daba a Dios.

Luego de haber descrito la manera en que Jesús se humilló a sí mismo desde la gloria hasta la cruz, el himno prosigue: «Por eso Dios lo exaltó hasta lo sumo y le otorgó el nombre que está sobre todo nombre». Esta frase: «el nombre que está sobre todo nombre» únicamente puede referirse al nombre del Dios del Antiguo Testamento, Yahvé, *ho Kyrios*, el Señor.

El propósito de haber otorgado este nombre y título a Jesús es:

> para que ante el nombre de Jesús
>> se doble toda rodilla
> en el cielo y en la tierra
>> y debajo de la tierra,
> y toda lengua confiese que Jesucristo es el Señor,
>> para gloria de Dios Padre.
>
> *(Fil 2.10–11)*

Estamos tan familiarizados con este pasaje que no nos percatamos de dónde proviene. Quien haya sido el que compuso este himno, se basó en el pasaje de Isaías 45.23–24.

> He jurado por mí mismo,
>   con integridad he pronunciado
>   una palabra irrevocable:
> Ante mí se doblará toda rodilla,
>   y por mí jurará toda lengua.
> Ellos dirán de mí: "Solo en el Señor
>   están la justicia y el poder"».
> Todos los que contra él se enfurecieron
>   ante él comparecerán
>   y quedarán avergonzados.

En este lugar Yahvé afirma que todas las naciones reconocerán que solo Él es Dios y que toda la justicia (la salvación) y el poder se encuentra únicamente en Él, por lo que solo debemos reconocer y adorar a Yahvé. Por ello, sin duda alguna, el antiguo autor del himno cristiano referido tomó las palabras que Dios dijo acerca de sí mismo, y las usó para describir a Jesús.

Ahora el carácter único de Yahvé como el Dios justo y que salva se transforma en el carácter único de Jesús como el Señor que salva y ante el cual se doblará toda rodilla. Los dos se han fusionado, porque en Jesús de Nazaret, este Dios que salva ha llegado a vivir entre nosotros como Emanuel, Dios con nosotros, y como *Yeshúa*, el Dios Salvador.

Conclusión

> ¡La salvación viene de nuestro Dios,
> que está sentado en el trono,
> y del Cordero!

En este punto, en que llegamos al final de nuestro estudio respecto a las repercusiones de este gran pasaje bíblico, recordemos lo aprendido y alegrémonos de estas grandes verdades:

- La salvación bíblica viene de Dios. No debemos intentar ganárnosla, distribuirla o manipularla.
- La salvación bíblica es obra del único y verdadero Dios viviente de la revelación bíblica. Se trata del Dios que se manifestó como Yahvé

en el Antiguo Testamento y que vivió entre nosotros como Jesús de Nazaret. Es el Dios cuya identidad y naturaleza están constituidas por su voluntad y poder para salvar.

- La salvación bíblica se ha logrado por medio del gran relato de las obras poderosas de Dios en la historia, que abarca todo el periodo de la Biblia y sus pactos claves, en cuyo centro se encuentra la cruz de Cristo, y su punto culminante será su retorno.

- La salvación bíblica nos llega a nosotros por medio de la invitación del evangelio a que nos incorporemos a aquella gran historia mediante el arrepentimiento y la fe, para así conocer sus bendiciones y tener la plena seguridad y esperanza de llegar a compartir su punto culminante junto con el pueblo de Dios en toda época.

- La salvación bíblica ejerce influencia sobre toda la vida y la muerte. Afecta al tiempo y a la eternidad, a esta era y a la venidera. Se trata, sobre todo, de la salvación de la ira de Dios para que podamos vivir eternamente con Él en la nueva creación; pero incluye también muchos otros aspectos de la bendición salvífica de Dios en esta vida.

- La salvación bíblica es, por lo tanto, integral según su alcance, y también lo es en la misión que ha creado.

- La salvación bíblica tiene como firme garantía de su cumplimiento la soberanía de Dios, y su gracia soberana la ha resuelto.

- La salvación bíblica fue lograda por el Cordero de Dios, el Señor Jesucristo, que murió por nosotros en la cruz, que resucitó por nosotros, que está sentado a la diestra de Dios, como el único digno de todo honor y toda alabanza.

Nuestra respuesta debe ser con toda seguridad unirnos al resto de la creación para alabar y adorar a Dios.

> Y oí a cuanta criatura hay en el cielo, y en la tierra, y debajo
> de la tierra y en el mar, a todos en la creación, que cantaban:
>> «¡Al que está sentado en el trono y al Cordero,
>> sean la alabanza y la honra, la gloria y el poder,
>>> por los siglos de los siglos!»
> Los cuatro seres vivientes exclamaron: «¡Amén!», y los
> ancianos se postraron y adoraron.
>
> *(Ap 5.13–14)*

Para reflexionar y debatir

1. ¿Crees que tu entendimiento y predicación de la cruz tiene la tendencia a limitarse al pecado y la salvación individual? ¿De qué manera este capítulo te ha ayudado a ampliar tu entendimiento bíblico respecto a lo que Dios ha logrado por medio de la cruz de Cristo? ¿Qué cambios crees que esto causará en tu ministerio?

2. Si colocaras la cruz en el centro de la misión integral (incluyendo las obras sociales y la evangelización), ¿cuál crees que sería el resultado?

3. Crea una lista de propósitos (promesas a Dios), de aspectos que prometes cambiar en tu vida y ministerio como resultado de haber leído este libro y haber estudiado las enseñanzas bíblicas que hemos explorado.

Sociedad Langham

La Sociedad Langham es una comunidad mundial que trabaja con el ánimo de cumplir la visión que Dios encomendó a su fundador, John Stott, consistente en:

facilitar el crecimiento de la iglesia en madurez y en semejanza a Cristo, elevando los niveles de predicación y enseñanza bíblica.

Nuestra visión es ver que las iglesias del mundo mayoritario estén equipadas para la misión y creciendo hacia la madurez en Cristo a través del ministerio de sus pastores y líderes, quienes creen, enseñan y viven por la Palabra de Dios.

Nuestra misión es fortalecer el ministerio de la Palabra de Dios:
- fortaleciendo movimientos nacionales de predicación bíblica;
- favoreciendo la creación y distribución de literatura evangélica; y
- elevando el nivel de la educación teológica evangélica, especialmente en países donde las iglesias carecen de recursos.

Nuestro ministerio

Langham Predicación se asocia con líderes nacionales que estimulan movimientos locales de predicación bíblica para pastores y predicadores laicos en el mundo entero. Con el apoyo de un equipo de capacitadores provenientes de diversos países, se desarrolla un programa de seminarios a diversos niveles que proveen capacitación práctica, al cual le sigue un programa que busca formar facilitadores locales. Los grupos locales de predicación (escuelas de expositores) y las redes nacionales y regionales se encargan de dar continuidad a los programas e impulsar su desarrollo ulterior con el fin de construir un movimiento vigoroso comprometido con la exposición bíblica.

Literatura Langham provee a los pastores, seminarios y académicos del mundo mayoritario libros evangélicos y recursos electrónicos mediante becas, descuentos y mecanismos de distribución. El programa también auspicia la producción de literatura evangélica para pastores en diversos idiomas a través de talleres para escritores y editores, respaldo a la tarea literaria, traducciones, fortalecimiento de las casas editoriales evangélicas e inversiones en proyectos regionales de literatura, tales como el *Comentario Bíblico Contemporáneo*.

Langham Becas provee apoyo financiero para estudiantes evangélicos a nivel doctoral provenientes del mundo mayoritario, de tal manera que, una vez que regresen a sus países, puedan capacitar pastores y a otros líderes cristianos brindándoles una sólida formación bíblica y teológica. Éste es un programa que equipa a quienes van a equipar a otros. *Langham Becas* trabaja igualmente con seminarios del mundo mayoritario fortaleciendo su educación teológica. Un número creciente de académicos de *Langham Becas* estudia en programas doctorales de alta calidad en reconocidos centros del mundo mayoritario. Además de formar a la siguiente generación de pastores, los graduados de *Langham Becas* ejercen una influencia significativa a través de sus escritos y su liderazgo.

Para obtener más información sobre la *Sociedad Langham* y el trabajo que desarrollamos visítenos en www.langham.org.